本书受湖北省教育厅科技项目“基于新经济环境下的城市物业业主自治机制研究”（编号：B2016293），武汉研究院一般项目“基于多元治理主体视域下的物业管理制度优化研究”（编号：JHUNWYY2015331）和湖北省省属高校优势特色学科群“城市圈经济与产业集成管理” 江汉大学建设经费资助。

深化公共政策供给侧改革研究

徐燕雯　著

U0963696

WUHAN UNIVERSITY PRESS
武汉大学出版社

图书在版编目(CIP)数据

深化公共政策供给侧改革研究/徐燕雯著. —武汉：武汉大学出版社,2017.5
ISBN 978-7-307-19365-9

Ⅰ.深… Ⅱ.徐… Ⅲ.公共政策—体制改革—研究—中国
Ⅳ.D63－31

中国版本图书馆 CIP 数据核字(2017)第 108587 号

责任编辑:黄金涛　　责任校对:李孟潇　　版式设计:马　佳

出版发行：**武汉大学出版社**　(430072　武昌　珞珈山)
(电子邮件：cbs22@whu.edu.cn　网址：www.wdp.com.cn)
印刷：虎彩印艺股份有限公司
开本：720×1000　1/16　印张:11.75　字数:153 千字　插页:2
版次：2017 年 5 月第 1 版　　2017 年 5 月第 1 次印刷
ISBN 978-7-307-19365-9　　定价:68.00 元

版权所有，不得翻印;凡购我社的图书，如有质量问题，请与当地图书销售部门联系调换。

致　谢

衷心感谢江汉大学李强书记、张英副校长、钱同慧教授、梁东教授、王文清教授、陈磊教授、统战部吴菊珍部长等领导和同事们的悉心指导和大力支持！感谢挂职期间武汉市江汉区新华街办事处杨俊书记、方珺书记、程献主任、张文副书记等领导和同事们的工作指导和无私帮助！

由于作者学识和能力有限，本书还存在许多不足之处，恳请读者们批评指正！

前　言

当前我国正处于全面深化改革的关键时期，不但新的政策理论不断发布和实施，现有政策理论的制订基础如国际经济政治环境、城乡结构和发展水平、居民人口构成、收入水平、就业状况、政策预期和文化理念等也处于持续的变动之中。因此通过社会调查了解基层群众对一些重点热点政策的认知认同，分析其关注点和需求变化趋势，总结需求状况的新特点和新动向，为进一步做好国家大政方针的宣传贯彻和落地工作提供了重要参考，也为在行政立法层面开展顶层设计，加强制度有效供给，有的放矢地开展供给侧结构性改革，做好政策贯彻衔接和宣传工作提供了良好基础。

本调查采用先集中后分散的行动步骤，以湖北武汉市江汉区新华街和湖北省 T 市国家级工业园区所辖的社区基层干部和普通居民为主要调研对象和案例基础，综合运用问卷调研、实地察看、人员访谈、座谈会等多种调研方式，并运用 SPSS 统计软件对采集的数据进行了系统分析，初步了解了当前政策理论下基层的实施效果，评估了群众政策理论获取状况，探索了群众对政策理论的需求方向及重点。

调查表明基层群众对生育政策、社会保障政策以及教育政策的了解程度比较高，认知最为薄弱的部分分别是土地住房政策和基层政治体制。研究发现湖北基层群众对政策理论的需求状况因居民类型、政治面貌、职业身份、年龄层次以及政策理论本身属性和类型的不同而产生了差异。比较显著的结果包括：(1)在获取政策精神和信息能力方面，受访者为中共党员、基层干部的居民明显高于普通群众。体制内居民在获取政策文件方面优于体制外居民。综合看来，可认为基层党员干部在宣贯政策理论上具有信息和知识优势，可以发挥更大作用。(2)政策面向基层群众传达不到位和政策响应不及时这两个因素成为了制约基层群众了解和领会各类政策理论的瓶颈，受访区域在深入开展政策理论下基层活动和提高基层群众获取政策信息能力两个方面均有待提升。有关部门应进一步面向基层，从群众需要出发开展工作。(3)群众认知度最高的是生育政策、基本社会保障政策和教育政策，最低的是土地房产政策和基层政治类政策。对土地政策、收入分配政策、就业政策在认知程度上具有较大差异，而对基本社会保障政策、教育政策和基层政治体制的认知差异相对较小。(4)城镇居民对当地政府响应群众政策理论需求的评价明显高于农村居民，说明农村基层政权组织在了解农民政策需求、响应农民诉求方面还需进一步加强。(5)受访地区基层群众普遍认为政策理论学习或宣讲活动比预期偏少，与群众的实际需求有较大差距。(6)基层群众在遇到政策理论方面的疑问时，倾向于通过自己查阅或者咨询基层干部和工作人员来寻找答案。基层干部、党员、体制内居民更倾向于自己查阅政策文件。说明在新时期可充分利用各种媒体和工具来做好政策发布和进行沟通互动。在解决政策理解上的困难时，官方的及时回应可较好地解决问题。(7)基层民众在顺畅表达政策需求的渠道方面基础较好，相对薄弱环节仍在农村，体制外居民和低收入者是有待得到进一步政策信息帮扶的群体。(8)群众对“政策理论下基层”活动的认同度较高，但期盼采用三种方式更好地满足需求，一是希望政策精细化，能充分考虑到各个阶层和群体的利益诉求；二是希望政策理论的文风更加通俗易懂，在用词上有所“生活化”，方便理解和掌握；三是呼唤宣传方式和工具的创新。(9)群众普遍欢迎"广泛利用新闻媒体进行政策宣传"，有利于让政策理论广泛地被知晓和领会，进一步惠及于民。(10)基层群众在政策理论需求上具有层次性，对经济发展以及社会保障两大政策最为关注，然后是和政治、文化、生态有关的政策。群众认为当前最需要改革的政策是收入分配政策、就业政策与基本社会保障政策。认为生育政策与土地住房类政策需要进行改革的相对较少。(11)基层群众对养老与医保两方面的政策具有较大的了解需求，希望政策描述更为清晰和规范；需求相对较小的是户籍、土地政策与法律制度改革，说明这些政策比较稳定和透明，变动方向符合群众预期。

为了进一步加强政策理论的精确供给和定向供给，研究基于基层民众的关注热点和核心诉求，分八个板块重点调查了土地政策、收入分配、精神文化、居民就业、基本保障(社保医保)、基础教育、基层治理、生育政策的实施现状和需求状况，并结合文献研究和跟踪调查，相应地就这八个政策板块提出了及时响应基层政策理论需求、优化政策实施结构、改善制度有效供给、提升政策精准供给、创新沟通互动渠道、深入推进基层群众政策认同的政策建议。

目　　录

第1章 研究背景

1.1 研究缘起

党的十八届三中全会提出的全面深化改革的总目标就是完善和发展中国特色社会主义制度、推进国家治理体系和治理能力现代化，这是坚持和发展中国特色社会主义的必然要求，也是实现政府职能转变的应有之义。"'现代政府'，一个很重要的标志，就是要及时回应人民群众的期盼和关切。"而积极回应民意关切，有助于"坚定社会信心，给市场一个明确的预期"，① 对于巩固群众对中国特色社会主义的"四个自信"特别关键。2016年中央也从战略高度提出："从解决好人民群众普遍关心的突出问题出发推进全面小康社会建设，符合推进供给侧结构性改革的要求，有利于创造新的增长点、提高长期增长潜力，而新的增长点就蕴含在解决好人民群众普遍关心的突出问题当中。"②"天地之大，黎元为

① 中国政府网：《李克强：现代政府要及时回应人民群众的期盼关切》，http：//www.gov.cn/xinwen/2016-02/17/content_5042673.htm，2016年2月17日。

② 新华社：《习近平主持召开中央财经领导小组第十四次会议强调 从解决好人民群众普遍关心的突出问题入手 推进全面小康社会建设》，http：//news.xinhuanet.com/politics/2016-12/21/c_1120162829.htm，2016年12月21日。

先。”中央要求群众在哪里，领导干部就要到哪里去，群众工作就要做到哪里。同样“民之所望，施政所向”，政府部门就是要真正做到顺民意、从民心、加油干！因此切实以群众的政策需求和共性问题为导向，做好政策理论等制度体系和实施方案的有效供给、精准供给，减少无效、低效供给，纠正供需错配、错位，逐步提升决策部署的质量和效率，对进一步全面深化改革至关重要。

在深入贯彻“五位一体”总体布局和“四个全面”战略布局中，各级党政组织和有关部门积极行动，以人为本、面向基层开展了大量调研活动，各种立法和行政决策过程，也通过决策咨询、专家调研、征集社情民意、立法听证、公开征求意见建议、第三方调查等多种渠道和方式使得政策理论的酝酿、形成、出台和贯彻实施都充分考虑民众的实际需求和关切。但是也必须看到，要实现从制定和颁布一项“好政策”到实现群众普遍满意、人民拥护赞同的“政策好”还需要付出十分艰苦的努力，同时由于基层情况千差万别，如何“以人民为中心”，以突出问题和群众利益为导向，及时响应群众所需和现实诉求来完善和改进政策体系也需要更多的实践探索和总结归纳。

为了从理论层面探讨公共政策供给侧结构性改革的路径与方式，进一步提升制度的有效供给和精准供给，也为了进一步归纳夯实治理能力现代化群众基础的地方经验和民间智慧，了解基层各界民众关心关注的政策理论热点方向，摸清基层群众接触了解政策理论的渠道和方式，探索基层干群对核心政策理论需求的强度和主要类型，本成果特针对基层社区的干部群众进行了实地调查研究，并依托文献研究和本次调查的结果进行了理论分析，试图为实现从“好政策”到“政策好”的“跨域”与“落地”提供理论支撑。

课题组实地的调查研究过程分为两个阶段，包括团队成员 2015 年 7 月上旬在湖北省 T 市的集中调研和 7—8 月在以湖北省为主的全国六个省市(湖北、甘肃、重庆、贵州、广西和福建)的分散调研，整个调研共发放调研问卷900份，回收866份，回收率96.2%，有效问卷863份，有效率99.6%。① 所调查人群从身份上涵盖了基层干部和一般群众；在户籍上包含城市居民、转型社区居民和农村居民；被调查者职业既有体制内居民(在政府机关、事业单位、国有企业工作)，也有大量体制外居民(如务农、非公企业、个体经商、自由职业、无业等)。在对基层群众开展问卷调查之外，课题组在地方政府的协助之下，还组织部分政府职能部门、街道和工业企业的干部群众进行了多次座谈。在2016年继续开展的调研活动，重点深入武汉市江汉区新华街的新育社区、单洞社区、循礼社区、精武社区等6个社区和T市工业园区的多个村湾社区，进行了大量社会服务和调查工作，记录原始文字材料3万余字，收集相关政策文件、基层汇报材料和图片。研究通过样本统计、分析人员访谈记录以及收集梳理相关政策文件，紧扣调查主旨进行了探索。

1.2 文献综述

国内关于基层政策理论需求调查和研究方面的著述较多，下面从制度供需匹配理论、需求调查内容和需求调查方法等方面对现有文献进行简要梳理：

在政策理论需求调查所依据的理论方面，制度供给理论是制度变迁理论的重要组成部分，姚作为和王国庆(2005)回顾了制度供给理论的

① 因问卷全部采用随机入户调查，受访者不记名填写后立即检查其完整性和评估其有效性，废卷较少。

演变与研究进展，指出以科斯、拉坦与诺思为代表人物，运用个体主义的研究方法，根据交易费用范式建立起经典的制度供给理论。国内学者则主要运用集体主义的方法，重视分析国家及各级政府对制度供给的影响，结合中国国情进行了理论创新。其中最具代表性的是林毅夫（1991，1994，2013）提出将制度供给分成诱致性供给予强制性供给。但政策理论的供需并不一定总是自动均衡的，向玉琼（2007）通过文献回顾指出，政策供给通常是针对政策需求而作出的反应。政策供给是政策需求诱发的结果，但政策需求并非政策供给的充分条件，在政策变迁过程中经常出现政策供给失效或政策供给滞后的现象。李明和李慧中等（2011）认为制度变迁存在需求引致型和供给主导型两种模式，后者是指在现有秩序和规范下，做出新的具体的制度安排而推动的制度变迁。由于中国的改革是在党的领导下有步骤有秩序地进行的，属于自上而下的供给主导型变迁，所以一旦权力中心的制度安排与下级组织利益不兼容，总会尝试抵制或变相执行，造成制度的意愿供给水平与实际供给水平不符。汪立鑫和伍柏麟（2015）受到马克思主义关于生产力和生产关系矛盾推动制度变革理论框架的启发，认为社会经济制度的演进动力来自于社会利益主体的博弈，因而完善中国特色社会主义制度需要及时考虑和回应各社会阶层的利益诉求。赵春雷（2015）通过实地走访农业合作社，发现一些合理政策需求（如农民专业合作社以法人身份融资等）早已长期存在却无法得到满足，而已经供给的一些相关政策却显现出很多的负面效应。刘伟和蔡志洲（2016）认为需求管理和供给管理尽管都是宏观经济管理的重要手段，但在经济增长和经济发展的不同时期和阶段，宏观经济管理要采取不同的方式。当前简单的需求管理已经不能满足需要，必须通过强化供给领域的结构性改革来解决发展中长期存在的深层次矛盾。杨宜勇和邢伟（2016）则提出在公共服务体系建设中，从供给侧来看公办机构多于、强于民办机构，这样既不利于市场视角的社会公平，又不利于公共服务事业的大发展，忽视了社会力量的培育壮大，难以将微观管理权切实移交给各类社会力量。李燕凌(2016)依据对5个省93个样本村调查的实证分析，发现相对于效用感和稳定感，农民更关心农村公共产品的公平供给，而扩大政府供给规模是提高农村公共产品供给模式绩效的重要前提，政府投入规模的适度性仍然是改进农村公共产品供给模式绩效的根本方法。

综上所述，学者们大多认同执政者在建设服务型政府过程中，为了实现最优的制度供给，提高制度供给的有效性和效率，避免决策资源的浪费，就必须及时了解服务对象的诉求与需求，以及政策理论体系供给的真实水平，不断提高公共信息服务供给水平(李想和汪雷，2009；牛红亮和刘静，2011；房桂芝，2012等)，通过对制度需求的预测和信息内容、平台、渠道的创新提升政府信息能力和治理能力(孙宇，2009；金太军和姚虎，2011；周毅，2014)。各项社会建设的健康发展需要制度的及时、有效回应，这也是建设法治国家的重要前提(张欣，2012)。

在需求调查内容方面，由于三农问题极端重要，调查难度也比较大，大量基于农村居民的需求调查取得了丰硕成果，如齐城(2009)探索了中国特色现代农业发展的政策需求与供给。赵晓峰(2011)在村级民主自治机制创新研究中，通过对河南省邓州市“四议两公开”工作法的实证分析，肯定了其缓解乡村治理的成效。肖唐镖和孔卫拿(2013)利用2002~2011年全国农村调查数据资料进行分析，将村级民主治理细分为民主决策、民主管理及监督和民主自治三个层面，并以村级基本公共品供给绩效来观测民主治理的实际效果。陈浩天(2014)发现，在农户需求和政策回应间需要国家治理能力的整合和对接，提高政策的响应速度和效度。通过相关政策对农户日常生活的嵌入，可实现政府对农户服务与农村管理双重功能的无缝隙连接。郭素玲(2014)通过对河南某市新型城镇化的调查，对新型农村社区建设的政策需求进行了分析，发现了农村居民对就业和教育、文化等公共服务方面存在较大的政策需求。方菲和高兴(2015)基于湖北省 Z 村和 X 村的调查，分析了新型农村合作医疗制度中的制度供给。许多需求调查得出了有重要价值的发现，如杨颖秀(2013)调查了新生代进城务工农民子女的教育政策需求，发现现有政策与实际的新生代进城务工农民对子女教育政策的急切需求呈现出一定的滞后性。袁媛(2014)发现我国农村基本公共服务供给制度仍旧处于非均衡状态。通过在湖北省的 17 个市(州)进行问卷调查和入户访谈，徐双敏和宋元武(2015)对农村公共文化服务供需契合状况进行了实证研究，发现农村一直不同程度地存在所供非所需的问题。

在需求调查方法方面，魏毅、金高峰等(2007)采用问卷调查法，辅以个别访谈的形式，研究江西建筑业农民工对转移政策的需求顺序。吴红宇(2008)基于对广东 764 位农民工的问卷调查，分析了农民工对政府政策的需求调查，发现农村劳动力迁移者和未迁移者对政府政策的需求存在明显不同。叶元龄和赖茂生(2008)基于广东省 1990 年至 2005 年统计数据，建立信息需求模型，研究了广东农村居民信息需求的特征。程名望等(2009)应用田野调查和个案访谈的方法，通过对上海 321 个家庭样本的调查，量化研究了上海市计划生育家庭对优先优惠享有公共政策的意愿和内容，研究发现性别、年龄、文化程度 、区域 、收入水平等因素的差异，会使得家庭和个人对优先优惠政策的需求和满足程度有所差异。封铁英和戴超(2010)选取陕西省西安市七个非城区县农民为典型调查对象，采用分层整群随机抽样方式，对农村居民养老保险实际需求、参保意愿、模式选择意向作了实态调查。孙德超、宋瑞鲁(2011)采用实地考察吉林省某些高校大学生以及吉林省高校就业中心的方法，就国家新出台的关于大学生就业新政的总体思路、具体措施进行实证调查。彭曦(2012)基于长沙 60 个样本的深度访谈，从需求层次论出发分析指出湖南新生代农民工的就业需求在某种程度上已不满足从低到高的顺序，应通过加强就业培训和指导、建立青年农民工代表制度、加快社会保障改革、丰富精神文化生活等策略提高其就业质量和稳定性。刘祥琪、陈钊等(2012)利用2010年中国17个农业大省的抽样调查数据，重点考察了农民对征地满意度的决定。提出了事先与农民就征地补偿进行协商，适当提高征地补偿的水平，征用土地用于公益建设项目会提高农民对征地的满意度。叶剑平和田晨光(2013)基于对随机抽取的中国17省1956位农民的调查数据，分析中国农村土地权利状况。罗亚萍、史文静和肖阳(2013)基于对西安市居民养老方式的电话调查，发现了自立养老方式、独生子女父母养老去向以及社会化养老方式中存在的问题。郝金磊(2014)基于146份问卷调查数据，建立有序Probit模型对甘肃省农民养老模式选择意愿进行实证研究，得出甘肃省农民倾向于选择以社会养老为主体的多支柱养老模式。杨浩鹏，寇云等(2015)基于淮安市的农户抽样调查数据，对当前该地农村土地流转情况进行描述，并用logit模型对该地土地流转影响因素进行研究。在应急调查方面，为了及时了解2008年汶川地震灾区居民的生活状况与政策需求，王奋宇、何光喜等采用快速需求调查(Rapid needs assessment)①通过约3000个样本调查，收集了灾民对住房、就业、搬迁和重建中需要的政策支持和援助，从中发现解决住房和就业问题是灾区居民最急迫的需求。

综上所述，现有研究对了解基层群众政策理论知晓状况，在探索民众制度需求结构和变化趋势等方面取得了一些成果。在研究方法上，不少研究以定量和定性分析相结合的方式，综合采取随机调查、大样本调查、快速调查、电话调查、入户调查、田野调查、深度访谈、案例研究

① 快速需求调查(RNA)是一种在特殊情境(如灾害、战争等)中使用的调查技术，可帮助决策者和外部援助者了解需援助人群的现状和需求。

等方式方法，在研究工具上普遍采用了 SPSS、Excel 等软件辅助进行数据分析，有的还借助通用模型进行实证检验，为提高社会状况调查报告的“含金量”和“准确度”奠定了科学基础。学者普遍认为在政策形成和完善的过程中，考虑到居民意愿和认同差异，并制定灵活具体和富有弹性的政策体系，将增加政策理论贯彻实施工作的绩效。这些都为本调查研究在研究设计和实施上提供了重要参考。当然，从现有文献来看，近年来针对湖北省基层民众的政策需求调查总体还比较少，大多是有关部门在自身职能范围内就政治、经济、文化、社会、生态的某一个专题或板块进行调查，因而虽有针对性，但难以从总体上了解湖北居民对国家各项政策的知晓和认同程度，也无从比较不同类型居民在政策需求结构和层次上的差异。从增加制度有效供给的角度，开展面向基层民众的需求调查，可以站在政策理论的需求方、接收方、使用方、实践方的立场考虑问题，既是准确判断基层社情民意变化状况的重要组成部分，也是获得政策回馈、根据群众呼声和响应进一步优化政策内容和行动方案的关键步骤。为此本调查报告以直接入户调查基层干群为主要方式，尝试对推进决策民主化起到辅助支持作用，为保障政策理论出台后的顺利实施，增进广大群众对国家大政方针和地方改革实践的认知认同提供了参考借鉴。

1.3 研究目的及意义

由于政策实施和理论落地生根中存在较多影响因素，基层干部群众对政策理论的认知认同也存在群体和个体差异，因此实现从“好政策”到“政策好”还需要一次艰苦的跨越。从增加制度有效供给的层面来看，以响应基层群众政策理论需求为基础，推进政策理论形成产生的民主化、科学化和法治化，是维护最广大基层群众的根本利益，最大限度增加和谐因素，增强社会发展活力，提高社会治理水平，维护国家安全，确保人民安居乐业、社会安定有序的重要工作。不断优化政策理论获取渠道，保持政策实施绩效反馈渠道的多样性、通畅性和有效性，是社会系统得以正常运转、社会秩序得以有效维护的重要途径，也是国家治理体系和治理能力现代化的重要表现。

本研究以社会普通干群为主要调查对象，旨在了解新形势下基层群众政策理论需求状况和变动趋势，并对我省在政策理论宣贯中当前存在的问题进行了简要分析，针对相关原因进行了初步探索。具体而言，研究从微观个体的视角了解基层群众对各类政策理论的知晓程度，剖析基层群众对各类政策理论知晓程度存在差异的原因，并结合在其他各省市开展的类似调查，探索共性和规律性认识，从而为有针对性地做好政策理论宣传工作，及时回应群众提供了参考。研究还通过设计一系列量表，了解基层群众是否能准确获取和了解各类政策理论的基本内容和有关要求，测试与其密切相关的生育、土地住房、收入分配、就业、社会保障、教育、基层民主、基层文化等政策板块的社会反馈，探索基层干部在日常政策宣讲中的实施效果及所面临的困难与挑战，研讨政府部门如何采取措施来及时响应和合理满足基层群众政策理论需求状况。在顶层设计和有关决策过程中对坚持一切从实际出发，以人为本贯彻群众路线具有参考借鉴价值。

本次调查分析了基层群众对各类政策理论的知晓程度和认知渠道，量化分析了影响政策宣贯工作绩效中的若干因素，提供了来自基层群众对相关政策理论执行绩效的重要反馈，并对涉及与民生相关的若干政策板块进行了初步探索。从政策受众的角度来讲，这一调查有利于深化基层群众对各类政策理论的认识与了解，有助于表达自身的政策诉求。从基层组织和干部层面来讲，调查有利于对政策理论宣传的实施效果有一个直观的认识，帮助宣传部门在今后的工作中，将自身的具体工作与基层群众实际需求更加紧密地结合起来，进一步实现现代化治理和协同创新治理。

1.4 研究对象和范围

本次将集中调研范围选择为湖北省 T 市的工业园区所辖的社区，出于以下三个考虑：(1)该区域政府组织与课题组有长期固定联系，长期以来，该地市政府、街道、工业园区管委会和社区对调查工作非常支持也比较信任。因此，能够保证调查项目顺利进行，整个调查过程独立、客观、实事求是，并使调查结果真实可靠，调查结果能够反映基层群众对政策理论的需求状况。此外，已经在该地区进行的若干社会调查项目，可为本研究提供背景材料；(2)该区域属于鄂中部人口密集、经济快速发展的地区，本地从事个体工商业和外出务工人员较多。该市在城镇化水平、社会经济发展等相关状况都具有典型特征，因此采用此样本进行统计归纳，用来反映基层群众的一般情况相对合适；(3)本次调查地域位于企业比较密集的工业园区，受访者中既包括本地居民也包括外来打工者，既有农民、农民工也有一般城市居民，通过针对不同身份背景和层次居民的调查，可以反映不同社会阶层民众的政策理论需求状况。因代表性比较广泛，对完整了解居民在生育、土地、收入分配、就业、基本社会保障、教育、基层治理、精神文化八个政策板块的实际情况比较有利，也有助于了解和把握城镇化背景下基层群众政策理论需求的变动状况。

问卷的受访者样本构成如图 1-1 所示：

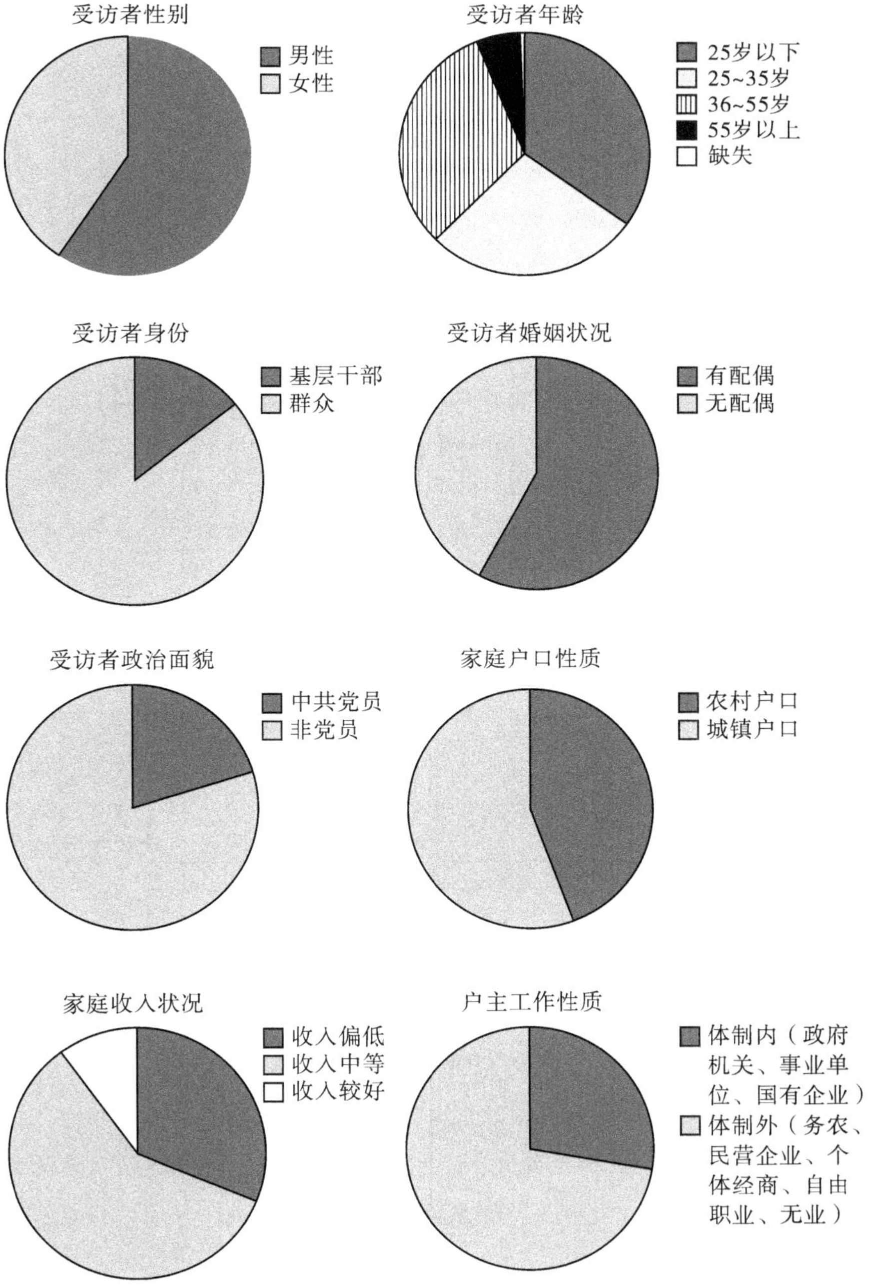
受访者性别
男性
女性
受访者年龄
25岁以下
25~35岁
36~55岁
55岁以上
缺失
受访者身份
基层干部
群众
受访者婚姻状况
有配偶
无配偶
受访者政治面貌
中共党员
非党员
家庭户口性质
农村户口
城镇户口
家庭收入状况
收入偏低
收入中等
收入较好
户主工作性质
体制内（政府机关、事业单位、国有企业）
体制外（务农、民营企业、个体经商、自由职业、无业）

图 1-1　受访者情况

1.5　研究过程与方法

本项调查研究的技术路线如图 1-2 所示：

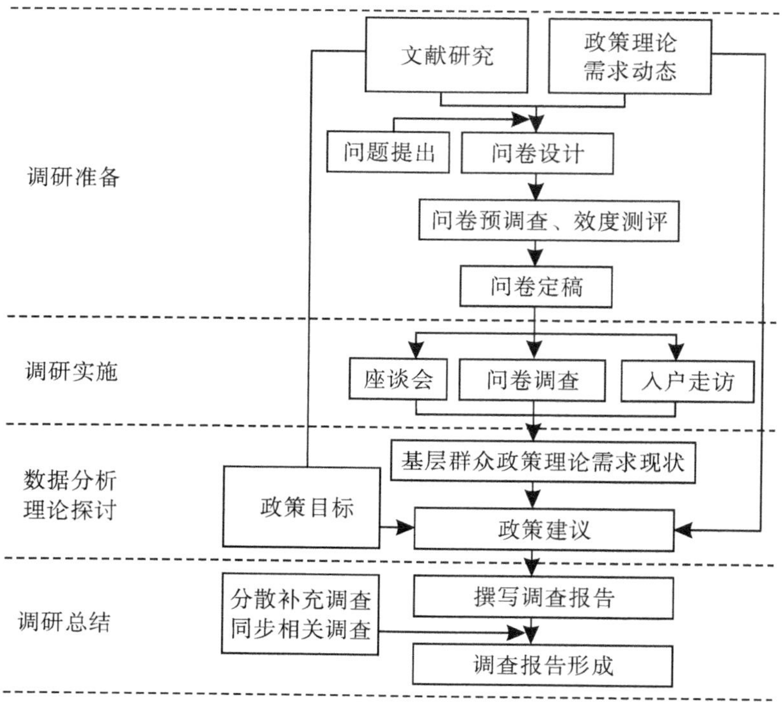

图 1-2　本调查研究报告技术路线图

本项研究以问卷调查为基础，通过实地考察、人员访谈、干部介绍、集中会议研讨、文献研究等多种方法收集转型社区基层群众对政策理论需求状况的数据。通过预调查优化问卷，紧扣问题设计了李克特量表进行评估，后期运用数据分析技术精确反映出改革关键时期基层群众政策理论需求状况。本课题立足中央和省级既定总体布局和战略部署，借鉴相关理论研究成果，发挥作者长期从事公共财政问题、经济体制改革和社会微观治理问题研究与实践的优势，有针对性提出进一步改善地方党政部门响应基层群众政策理论需求，提升现代化治理能力的政策建议。

本项研究采用的方法如下。第一，在方法论层面，以辩证唯物主义和历史唯物主义为基本方法论，借助经济学、管理学、心理学等多学科知识及研究方法展开问卷设计和调查研究。第二，在研究方式层面，综合采用文献研究、调查研究和实地研究三种研究方式；在文献研究方面，主要采用查阅或浏览政府报告、政策规章、论文著作、新闻报道、官方网站等方式，对涉及主题的相关内容进行筛选分析；在调查研究方面，主要采用问卷调查、个别访谈、集中座谈、举行会议等多种方式，收集各类与研究主题相关的调研数据、官方数据以及各类汇报材料、交流材料、会议材料、新闻报道、社区工作日志等进行统计分析；课题组曾经和合作单位联合组织了市一级的转型发展调研工作座谈会，与会的政府各部门、街道、社区及企业代表与课题组进行了面对面的交流，就如何提高公共政策的供给质量和供给水平进行了深入探讨。第三，在具体方法和技术方面，本研究除了采用问卷法、访谈法、比较法和观察法之外，还运用了定量分析方法、使用 SPSS 软件进行统计分析、族群因素探索等方法。在本书撰写过程中力求简明扼要，数据清晰，可读性强，提出的政策建议力求可行、实用、有针对性。

第2章　调查结果及主要结论

2.1　问卷调查统计分析

本节以问卷录入的客观数据为基础，使用SPSS软件做数据统计和数据间的交叉性、相关性分析，再结合调研访谈记录、座谈会议记录做定性分析，力求结论相对客观、真实、有效。内容安排上，首先按照问卷(见附件1)题目顺序发布统计结果和进行简要分析，对部分关键问题补充进行交叉分析，以便找出不同类型群体的实际状况差异，可以有针对性地提出政策实施建议。本成果在第三章进行调查结果的分析汇总和归纳。

问题1：您能获取到政府出台的各类政策文件详细内容吗？

问卷的第1题主要考察基层群众是否能够顺利获取政府出台的各类政策文件(可公开类)的详细信息。该题设置了从“完全不能获取”到“完全能获取”共五个程度的备选项，分别对应李克特调查量表中的数字1~5级。运用统计方法，可评估湖北基层群众获得政策文件信息的难易程度。

观察表2-1可发现，在五个备选项中，选取“只能获取小部分”的频数最高，占总受访者比例为44.2%，选择“完全能够获取”的频数最少，仅为4.4%，而选取完全不能获取的高达16.5%。全部样本的总体均值为2.47，中位数为2(即对应基层群众只能获取小部分政策信息)，说明在获取政策信息能力上，总体情况介于“只能获取小部分”和“能够获取大部分”之间，这反映出基层群众在知晓政策内容和获取政策信息能力方面还有待提升。

表2-1 **基层群众获取政策文件信息的现状**

		频率	百分比(%)	有效百分比(%)	累积百分比(%)
有效	完全不能获取	143	16.5	16.5	16.5
	只能获取小部分	383	44.2	44.2	60.7
	大部分能获取	168	19.4	19.4	80.1
	绝大部分能获取	134	15.5	15.5	95.6
	完全能获取	38	4.4	4.4	100.0
	合　计	866	100.0	100.0	

根据受访者要素交叉分析如下：

表2-2和均值分析均表明在获取政策理论信息方面，男性(均值2.53)优于女性(均值2.38)，体现出“男人主外”的特点。

表2-2 **问题1　基于受访者性别交叉制表**

	受访者性别		合计
	男性	女性	
完全不能获取	82	61	143
只能获取小部分	216	167	383
大部分能获取	106	62	168
绝大部分能获取	85	49	134
完全能获取	26	12	38
合　计	515	351	866

从表 2-3-1 和表 2-3-2 中可以发现，36～55 岁中年人口获取政策文件信息的程度优于其他年龄层次，25 岁以下青年人的状况最差，这可能与青年人以学业为主，不太关心政策理论有关。

表 2-3-1　　**问题 1　基于受访者年龄交叉制表**

	受访者年龄				合计
	25 岁以下	25～35 岁	36～55 岁	55 岁以上	
完全不能获取	62	44	30	7	143
只能获取小部分	148	99	109	26	382
大部分能获取	47	52	56	12	167
绝大部分能获取	37	39	55	3	134
完全能获取	7	7	20	4	38
合　计	301	241	270	52	864

表 2-3-2　　**问题 1　基于受访者年龄**

受访者年龄	均值	N	标准差
25 岁以下	2. 2658	301	0. 99789
25～35 岁	2. 4440	241	1. 05573
36～55 岁	2. 7259	270	1. 13038
55 岁以上	2. 4423	52	1. 05558
总　计	2. 4699	864	1. 07495

从表 2-4-1 和表 2-4-2 可以清楚地发现，基层干部比普通群众更加知晓政策文件的内容，这是由职业特点和岗位职责决定的。表 2-5 也表明政治面貌为中共党员的受访者在获取政策文件内容方面要明显高于非党员。综合看来，可认为基层党员干部在宣贯政策理论上具有信息优势，可以发挥更大作用。

表 2-4-1　　　　问题 1　基于受访者身份交叉制表

	受访者身份		合计
	基层干部	群众	
完全不能获取	10	133	143
只能获取小部分	40	343	383
大部分能获取	26	142	168
绝大部分能获取	33	101	134
完全能获取	15	23	38
合　计	124	742	866

表 2-4-2　　　　问题 1　基于受访者身份

受访者身份	均值	N	标准差
基层干部	3. 0242	124	1. 18571
群众	2. 3774	742	1. 02620
总　计	2. 4700	866	1. 07398

表 2-5　　　　问题 1　基于受访者政治面貌

受访者政治面貌	均值	N	标准差
中共党员	2. 8466	176	1. 17317
非党员	2. 3739	690	1. 02617
总　计	2. 4700	866	1. 07398

分析表 2-6~表 2-9，可以归纳为城镇户口，已婚有配偶，家庭里有大学生的居民获取政策理论信息的能力和机会更多一些。而且随着家庭收入的提高，关注政策文件并获取信息的情况更好一些。

表 2-6　　问题 1　均值分析(基于受访者婚姻状况)

受访者婚姻状况	均值	N	标准差
有配偶	2. 5589	501	1. 09865
无配偶	2. 3479	365	1. 02819
总　计	2. 4700	866	1. 07398

表 2-7　　问题 1　均值分析(基于家庭户口性质)

家庭户口性质	均值	N	标准差
农村户口	2. 2370	384	0. 98743
城镇户口	2. 6556	482	1. 10455
总　计	2. 4700	866	1. 07398

表 2-8　　问题 1　均值分析(基于家庭有无大学生)

家庭有无大学生	均值	N	标准差
有	2. 5356	506	1. 08988
无	2. 3778	360	1. 04578
总　计	2. 4700	866	1. 07398

表 2-9　　问题 1　均值分析(基于家庭收入状况)

家庭收入状况	均值	N	标准差
收入偏低	2. 2878	271	1. 01388
收入中等	2. 5295	508	1. 07926
收入较好	2. 6897	87	1. 15447
总　计	2. 4700	866	1. 07398

观察表2-10-1和表2-10-2，可以看出体制内居民在获取政策文件方面优于体制外居民。

表2-10-1　　**问题1　基于户主工作性质的交叉制表**

			户主工作性质		合计
			体制内	体制外	
问题1	完全不能获取	计数	25	118	143
		同类受访者占比	10.4%	18.8%	16.5%
	只能获取小部分	计数	99	284	383
		同类受访者占比	41.3%	45.4%	44.2%
	大部分能获取	计数	51	117	168
		同类受访者占比	21.3%	18.7%	19.4%
	绝大部分能获取	计数	46	88	134
		同类受访者占比	19.2%	14.1%	15.5%
	完全能获取	计数	19	19	38
		同类受访者占比	7.9%	3.0%	4.4%
合　计		计数	240	626	866
		同类受访者占比	100.0%	100.0%	100.0%

表2-10-2　　**问题1　均值分析(基于户主工作性质)**

户主工作性质	均值	N	标准差
体制内	2.7292	240	1.12669
体制外	2.3706	626	1.03693
总计	2.4700	866	1.07398

问题2：您觉得哪些因素影响您对政策理论的理解？（单选）

问卷第2题主要考察哪些因素会对基层群众顺利理解政策理论产生

影响。如图 2-1 所示，在五个备选项中，选取频数最高的为“政策传达不到位”，占总样本数的 34%；选择“政策响应民众需求不及时”的百分比为 20%，也是出现频率较高的因素之一。接下来的三个备选项，“政策解释不到位”“基层干部言行不一致”以及“政策理论本身复杂不好懂”的选择频率基本相当，均集中在 15% 左右。由以上分析可见，政策面向基层群众传达不到位和政策响应不及时这两个因素成为了严重影响基层群众了解各类政策理论文件的瓶颈，这可能是政策发布、阐释和官方与群众互动机制上仍有待完善的地方。

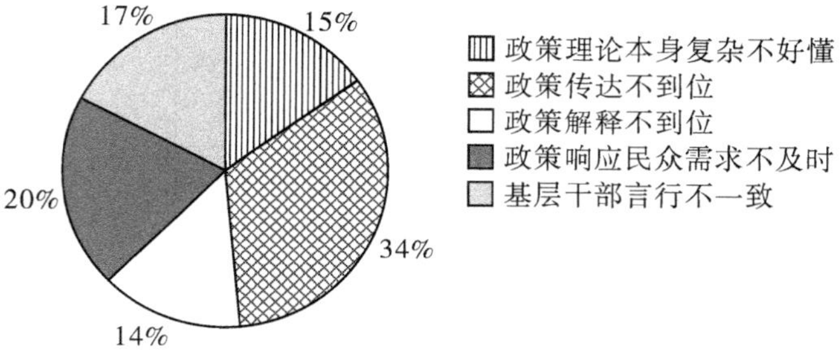

图 2-1　影响政策理论理解的因素

问题 3：请您对生育、土地房产、收入分配、就业、基本保障、教育和基层政治七大相关政策的内容，就自身的认知程度打分。

问卷的第 3 题主要针对基层群众对各类政策的了解情况进行了调查分析。首先将政策理论分为了以下七大类——生育、土地房产、收入分配、就业、社会基本保障、教育和基层政治，基本涵盖各类民生问题（为了便于受访者理解，在发放的问卷中对各类政策进行了举例说明，例如指出土地住房政策包含征地补偿、宅基地流转、自建住房等；基层政治包含基层民主、村民自治、居民自治、职代会制度等，详见本报告附件 1）。为获得基层群众对七大方面政策理论的认知度相关系数，问卷第3题亦采用李克特五点量表设计，经统计得到的均值可以作为基层群众对七大类政策的认知度量化值(见表2-11)。其中认知度最高的是生育政策(认知度为3.42)和社会基本保障政策(认知度为3.16)，认知度最低的是土地房产政策(认知度为2.59)和基层政治类政策(认知度为2.58)。由此可见，基层群众对生育政策、社会基本保障政策以及教育政策的了解程度比较高，认知度系数均达到了3以上，达到一般了解以上水平。认知程度最低两位的分别是土地政策和政治政策，整体认知度水平在一般了解与不太了解之间。

表2-11 基层群众对七大政策的认知程度

		计划生育	土地	收入分配	就业	社会基本保障	教育	政治
N	有效	866	865	865	865	865	866	866
	缺失	0	1	1	1	1	0	0
均值		3.42	2.59	2.69	2.82	3.16	3.12	2.58
众数		3	2	2	3	3	3	3
标准差		0.979	1.021	1.025	1.020	0.969	0.981	1.035
方差		0.959	1.043	1.050	1.040	0.938	0.962	1.072

该问题的众数、标准差与方差统计数据表明，基层群众对七大类政策的认知程度更多地集中在一般了解与不太了解之间，七个变量众数均集中在2.5左右。土地政策、收入分配政策、就业政策认知程度系数的标准差与方差均大于1，可见基层群众对这几大政策的认知程度具有较大差异。与前四大类政策相比，其他三大类政策(社会基本保障、教育和基层政治)的认知度标准差相对较小，认知情况差异也相对较小。关于八大板块政策的具体分析见本报告的第四章。

问题 4：您觉得当地政府在"问政于民、问需于民、问计于民"这三方面做得怎么样？

问卷第 4 题主要考察基层群众对地方政府在"问政于民、问需于民、问计于民"三个方面的满意度。该题运用李克特五点量表进行统计，发现基层群众对当地政府响应群众政策理论需求的评价均值为 2.97(即百分量化值为 74 分)，总体评价结果为"一般"。从条形统计图 2-2明显可以看出评价大部分集中在一般程度上，总体分布符合正态分布。由此可见，当地政府应当在"三问"方面加大力度，通过深入基层、加强宣传、增加互动、提高执行力等多种方法提升基层群众对当地政府和国家各项政策理论的认同感。

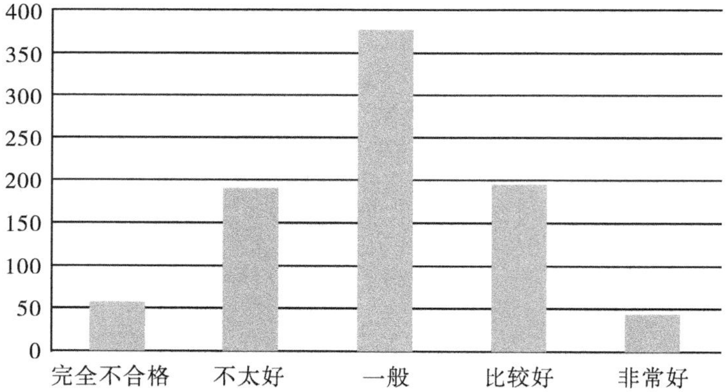

图 2-2　基层群众对当地政府响应政策需求的评价

在问题 4 的均值分析中，最为显著的差异是由受访者的家庭户口性质导致的，城镇居民对当地政府响应群众政策理论需求的评价明显高于农村户口(见表 2-12)，说明农村基层政权组织在"问政于民、问需于民、问计于民"三个方面还需进一步加强。

表 2-12　　问题 4　均值分析(基于家庭户口性质)

家庭户口性质	均值	N	标准差
农村户口	2.8613	382	0.95248
城镇户口	3.0602	482	0.94907
总　计	2.9722	864	0.95516

问题 5：您所在社区或街道是否组织过关于政策理论的学习或宣讲活动？

基层组织作为政策理论上传下达的一个重要渠道和实施载体，其宣贯工作显然会对基层群众顺利获取、理解和接受政策理论产生影响。问卷第 5 题主要考察社区或街道举办基层理论学习或宣讲活动的频数。在 866 个有效样本中，选择经常举办、有时举办、极少举办与从不举办的频数分别为 68、248、334 和 216(如图 2-3 所示)。选择从不举办与极少举办比例分别为 24.9%、38.6%。

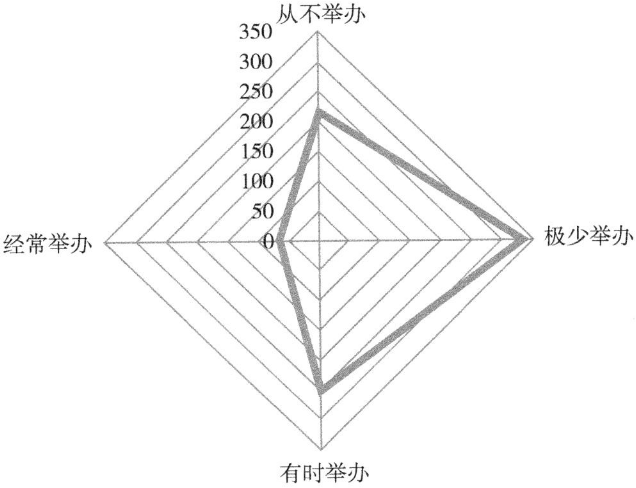

图 2-3　社区或街道组织政策理论学习或宣讲活动的情况

本题采用李克特四点量表得到社区或街道举办基层理论学习或宣讲活动的频率程度，统计得到总体均值为 2. 2，其中城镇社区均值为 2. 33，农村社区为 2. 02(见表 2-13)。可见基层群众普遍认为社区或街道组织的政策理论学习或宣讲活动比预期偏少，与群众的实际需求有较大差距。数据统计也显示农村社区举办类似活动的频次更低一些，明显少于城市社区，其原因可能是农村社区人口密度低，活动开展难度大，也缺乏专业人员的参与。

表 2-13　　　　**问题 5　均值分析(基于家庭户口性质)**

家庭户口性质	均值	N	标准差
农村户口	2. 0235	383	0. 87248
城镇户口	2. 3320	482	0. 91521
总　计	2. 1954	865	0. 90905

问题 6：当您对有关政策有疑问时，您最倾向于以下哪种做法？(单选)

问卷第 6 题主要考察各阶层群众比较喜欢的政策理论学习方式。由图 2-4 可以得到：在涉及的五个选项中，绝大多数选项分布在“自己查阅相关政策文件”与“咨询基层干部或工作人员”之中，在 866 个有效样本中，选择上述两个选项的样本数目分别为 290、249。由此可见基层群众在遇到政策理论方面的疑问时，倾向于“自力更生”，通过自己查阅或者咨询官方代表(基层干部和工作人员)来寻找答案。选择自己查询信息的受访者还略多于对外咨询，说明在新时期可充分利用各种公开媒体和工具来做好沟通互动。选择“询问亲朋好友”以及“无能为力、暂时搁置”两个选项样本数相对较少，低于 25%的被调查者选择了这两个选项，说明群众在解决政策理解上的困难时，态度比较积极，而官方的及时回应比较好地解决了他们的问题。

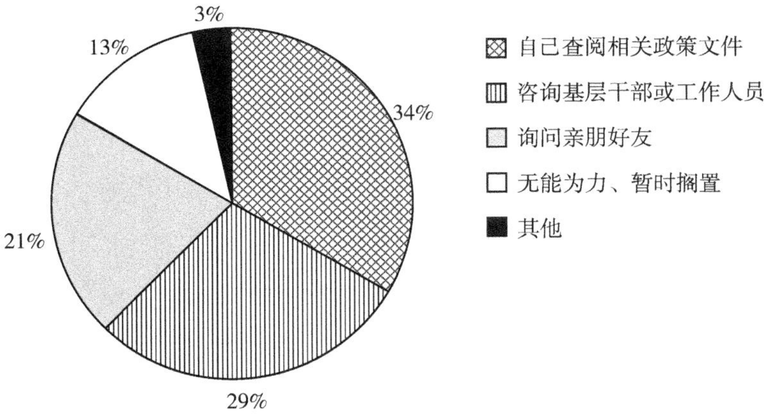

图 2-4 基层群众解决政策疑问倾向的做法

在表 2-14 中，55 岁以上以及 25~35 岁的被调查者选择频率最高的是咨询基层或工作人员这一选项，多于自己查阅相关政策文件选项。36~55 岁以及 25 岁以下的被调查者更加倾向于自己查阅相关文件，独立性更强。总体上来分析，选择其他方式的占最少比例，仅为 3.4%，选择“询问亲朋好友”或“无能为力、暂时搁置”的居中位。

表 2-14 **问题 6 基于受访者年龄的交叉列表**

		受访者年龄				合计
		25 岁以下	25~35 岁	36~55 岁	55 岁以上	
问题6	未回答			0.4%		0.1%
	自己查阅相关政策文件	36.2%	30.3%	35.9%	21.2%	33.6%
	咨询基层干部或工作人员	22.6%	31.5%	31.1%	36.5%	28.6%
	询问亲朋好友	25.9%	21.6%	16.7%	17.3%	21.3%
	无能为力、暂时搁置	12.0%	12.4%	13.3%	21.2%	13.1%
	其他	3.3%	4.1%	2.6%	3.8%	3.4%
合计		100.0%	100.0%	100.0%	100.0%	100.0%

从表 2-15 可以发现一个有趣现象，家庭里有大学生的受访者明显倾向于自己查询相关政策文件(同比高 12 个百分点)，而没有大学生的家庭倾向于对外咨询。说明随着高等教育的普及和群众文化素质水平的不断提高，群众在满足自身政策理论需求上更加主动和积极。

表 2-15　　**问题 6　基于家庭有无大学生的交叉制表**

		家庭有无大学生		合计
		有	无	
问题 6	未回答		0.3%	0.1%
	自己查阅相关政策文件	38.5%	26.4%	33.5%
	咨询基层干部或工作人员	25.7%	33.1%	28.8%
	询问亲朋好友	20.0%	23.1%	21.2%
	无能为力、暂时搁置	13.2%	12.8%	13.0%
	其他	2.6%	4.4%	3.3%
合　计		100.0%	100.0%	100.0%

从交叉分析还可以发现：(1)男性比女性更倾向于自己查阅相关政策文件，同比高 4%，女性更倾向于咨询亲朋好友，比男性高 5 个百分点；(2)基层干部更倾向于自己查阅政策文件，比例高于普通群众 6%；(3)党员倾向于自己查阅政策文件，比例高于普通群众 15%；(4)体制内居民倾向于自己查阅政策文件，比例高于普通群众 12%。

问题 7：您觉得居民表达政策需求的渠道是否畅通？(单选)

问卷第 7 题主要考察基层群众对政策理论表达渠道畅通情况的看法。选择“非常畅通、比较畅通、一般畅通、不太畅通、完全不畅通”的百分比分别为 4.7%、22.3%、35.3%、30.7%、6.9%(见图 2-5)。

按李克特量表从 5 到 1 进行赋值，得到畅通度均值为 2.87，畅通度众数为 3。由此可见，基层群众心目中，畅通程度集中在一般畅通与不太畅通之间，且更加趋近于一般畅通，认为表达政策需求渠道非常畅通和完全不畅通的比例均较小。说明湖北居民在表达政策需求的渠道方面基础较好，超过六成的居民可以找到表达合理诉求的渠道。

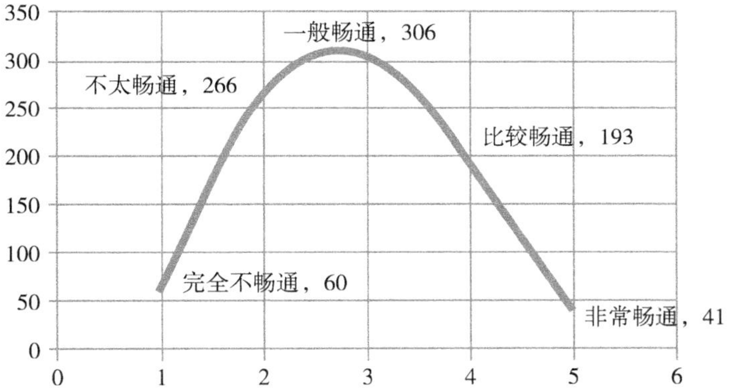

图 2-5　表达政策理论需求渠道畅通情况

通过按受访者属性进行均值分析，可以发现在感受政策理论需求渠道是否通畅方面：(1)城镇居民(均值为 3.0)高于农村居民(均值为 2.7)；(2)体制内居民(均值为 3.0)略高于体制外居民(均值为 2.8)；(3)中高收入者(均值为 3.0)高于低收入者(均值为 2.7)；(4)基层干部(均值为 3.1)高于普通群众(均值为 2.8)。说明在渠道建设方面薄弱环节仍旧体现在农村，体制外居民和低收入者是有待得到进一步信息帮扶的群体。

问题 8：您如何认识“政策理论下基层”这一活动?

问卷第 8 题主要考察基层群众对“政策理论下基层”这一主题活动

的认同程度。“非常赞同、比较赞同、说不清、不太赞同、完全不赞同”的样本数目分别为 214、309、302、29、12。选择不太赞同和完全不赞同的样本数目很少，总体频率只有 4.7%(见表 2-16)。七成以上的受访者选择了比较赞同和非常赞同。运用李克特五点量表，得到基层群众对“政策理论下基层”活动的认同度系数为 3.79。可见，基层群众对此类活动的认同程度较高，活动很受欢迎，整体上都接受并赞同实施“政策理论下基层”这项民心工程。

表 2-16　　**问题 8　统计描述表**

		频率	百分比(%)	有效百分比(%)	累积百分比(%)
有效	完全不赞同	12	1.4	1.4	1.4
	不太赞同	29	3.3	3.4	4.7
	说不清	302	34.9	34.9	39.7
	比较赞同	309	35.7	35.7	75.4
	非常赞同	213	24.6	24.6	100.0
	合计	865	99.9	100.0	
缺失	系统	1	0.1		
合　计		866	100.0		

问题 9：您是否赞同电子政务(或政务上网)有助于满足居民的政策理论需要？

基层政府是大量公共服务的供给主体之一，通过电子政务提供和改进公共服务是提高其服务质量和效率的重要手段(刘邦凡和詹国辉，2014)。问卷第 9 题主要考察基层群众对电子政务(或政务上网)的认同情况。866 个有效样本中，绝大多数集中在非常赞同与比较赞同中，频数分别为 191 和 431，累计频率达到 71.8%，只有极少部分样本选择完全不赞同(见表2-17)。

表2-17　　问题9　统计描述表

		频率	百分比(%)	有效百分比(%)	累积百分比(%)
有效	完全不赞同	9	1.0	1.0	1.0
	不太赞同	52	6.0	6.0	7.1
	说不清	183	21.1	21.2	28.2
	比较赞同	431	49.8	49.9	78.1
	非常赞同	189	21.8	21.9	100.0
	合计	864	99.8	100.0	
缺失	系统	2	0.2		
	合计	866	100.0		

运用李克特五点量表得到基层群众对电子政务的认同度系数为3.83，众数为4，标准差与方差分别为0.863与0.745。由此可见基层群众普遍对电子政务表示比较赞同，认同度相对集中，样本差异较小。这一结果提示我们在网络时代，采用网络化、信息化方式发布和办理有关政策和手续，不但极大降低了行政成本，也为老百姓带来了福利，因为咨询和办事变得更为直接和方便了，也减少了人为因素的影响。

将第8题与第9题的数据合并到一张柱状图(图2-6)中进行统计分析，明显可以看出大多数样本分布在非常赞同、比较赞同与说不清之间。比较赞同这一选项均是对应题目的众数选项。完全不赞同与不太赞同的选项选择数目均较少。有近五分之一的人选择“说不清”是否接受电子政务，表明利用网络信息平台开展工作时要照顾到接触现代化工具比较少的中老年群体和弱势群体，同时进一步增加便捷性和易操作性。

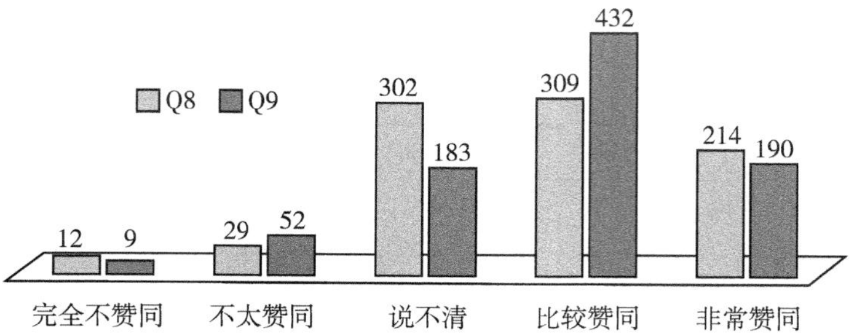

图 2-6 政策理论下基层与电子政务的认同情况

问题 10：您最倾向于哪种政策理论学习方式？（单选）

A. 专题报告会

B. 组织宣传会议并自由讨论

C. 集体观看政策宣传片

D. 宣传干事详细讲解

E. 网络查询

F. 其他

问卷第 10 题主要考察基层群众倾向于哪一种政策理论学习方式，该调查问题分为六个选项。通过条形图 2-7 统计分析，可发现选择频数出现在前两位的是“组织宣传会议并自由讨论”与“网络查询”；排在第二梯队的是“集体观看相关的政策宣传片”与“宣传干事的详细解释”；选择数目相对较少的是“开展相关的专题报告会”与其他方式。由此可见，相关的政府部门为了进一步做好政策理论宣传工作，可以考虑选择广大基层群众倾向的接收方式，优化组织形式和载体，如组织宣传会议并提供讨论发言的机会与平台，减少“满堂灌”式的专题报告会。充分利用互联网平台，实现政策理论学习的始终“在线”，以便捷的互动和多元化的沟通渠道来满足基层群众学习了解政策理论的需求。

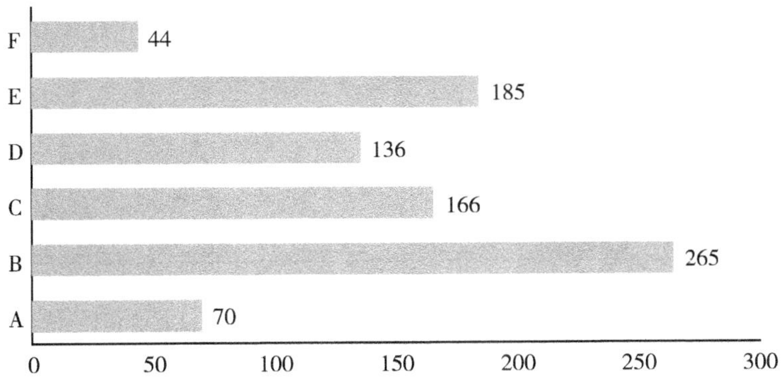

图 2-7 基层群众倾向的政策理论学习方式

问题 11：您觉得应采取什么方法来进一步满足基层群众的政策理论需求？（多选题）

A. 深入了解基层群众最迫切的政策理论需求，以对症下药

B. 用通俗易懂的话语或材料来解释相关政策

C. 采取多种宣传方式和工具

D. 第一时间向基层群众传达、宣讲国家出台的各种政策理论

E. 发挥基层组织作用，因地制宜地宣传贯彻执行相关政策

F. 提高立法效率和政策供给速度，尽快出台政策解决基层矛盾

问卷第 11 题主要考察满足政策理论需求的方法。第 11 题为多选题，出现频率最高的四项组合分别为 ABC、A、ABD 和 ABE，累计出现频率达到了 30.7%。由此可见 A、B、C 这三个选项被选的频率较高。对第 11 题中每个多选项进行拆分分析，得到 A、B、C 出现频数明显高于其他三个选项(见图 2-8)。由此可得到统计结论，即基层群众更倾向于前三种方式方法，这带来三点启示：(1)随着经济发展水平的提高，群众对政策理论需求的个性化要求明显增强，希望政策更加精细更加有针对性，能充分考虑到各个阶层和群体的利益诉求；(2)基层群众希望

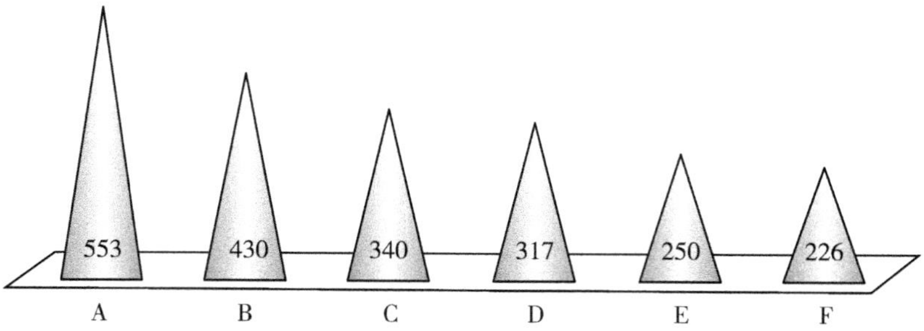

图 2-8　进一步满足基层群众政策理论需求的方法

政策理论的说明和文风更加通俗易懂，深奥的理论也需要让人易于理解。在这方面中央已经做出了很好的表率，党的十八届三中四中五中全会会议精神和国家十三五规划出台后都辅以说明和重点提示，方便群众理解和掌握。在用词上也有所“生活化”，大纲领也关注小细节，如“十三五”规划在国家公园、幼儿园、自行车灯细节方面让人们体会到“全面建成小康社会”对自己的生活影响巨大。比如为降低生活成本开展网络提速降费行动，鼓励普惠性幼儿园发展等①。(3)群众呼唤宣传方式和工具的创新，希望官方能以更加鲜活更加有效更加多样的方式来发布和宣讲政策理论，使之容易被大众认知和获取，也容易被接受和实施。

问题 12：您一般是通过哪种渠道来了解国家出台的相关政策理论？(多选题)

A. 书籍、报刊等纸质材料

B. 广播、电视

C. 微信、微博等网络新媒体

---

① 资料来源：新华视点《大纲领中的小细节——“十三五”规划建议的新“读法”》，2015-11-04。

D. 听身边人的讲述

E. 村委会主办的政策宣讲活动(包括公告栏、座谈会)

F. 其他

问卷第12题主要考察基层群众了解国家出台的政策理论的相关渠道。第12题为多选题，对所选的多选项中所有出现的选项进行汇总分析可得到折线图2-9。选择广播、电视的样本数目在整体样本中占有最大比例，66.05%的选项中都涉及该渠道。采用网络新媒体、书籍报刊、听身边人的讲述以及参加政策宣讲活动这四种了解渠道所占比例依次减少。选择其他渠道的样本数目最少，总体数量不及10%。由此可见，相关部门应该进一步加大举办政策宣讲活动的次数，广泛运用广电、官方微博等相关媒体，为基层群众提供更多了解各类政策理论的渠道，从而更好的服务广大基层群众。

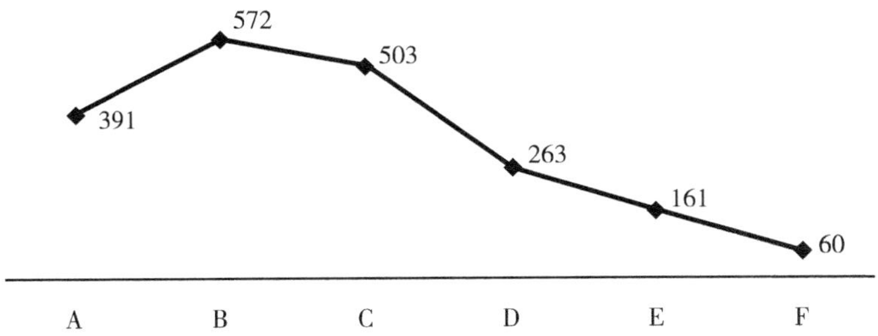

图2-9 获取政策理论的渠道

问题13：您认为可通过以下哪些方式来让政策进一步惠及于民？(多选题)

A. 基层组织定期召开座谈会，参与人员可自由讨论

B. 派出宣讲团进村入户宣讲政策

C. 广泛利用新闻媒体进行宣传

D. 通过印发宣传册、张贴宣传海报加强理论学习

E. 召开政策理论专题报告，集中进行解疑答惑

F. 其他

问卷第 13 题主要考察让政策理论进一步惠及于民的渠道。从统计软件绘制的条形图 2-10 可以明显看出，“广泛利用新闻媒体进行宣传”这一渠道(选项 C)受到了广大基层群众的普遍欢迎，接近 60% 的样本选项中涉及到了该渠道。处在第二方阵的“定期召开座谈会”“派出宣讲团入户宣讲”以及“印发宣传册张贴宣传海报等”三大渠道选择比例都在 45%左右，召开专题报告会以及其他渠道被选次数相对较少。

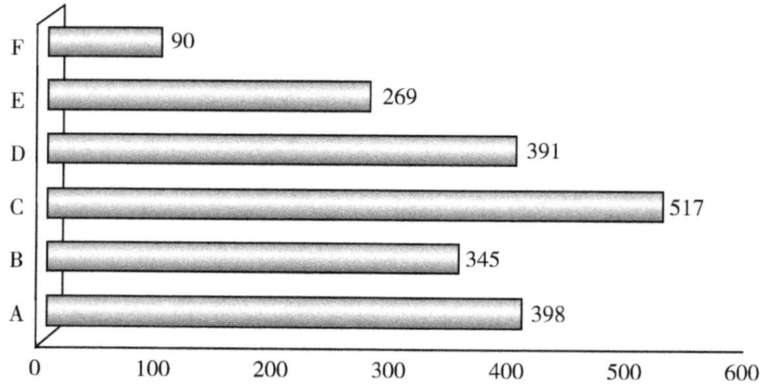

图 2-10　政策进一步惠及于民的渠道

问题 14：在政策理论学习过程中，您对哪方面政策比较关注？(多选题)

A. 经济发展方面(如就业和收入问题)

B. 基层政治方面(如法治建设、基层民主、居民自治)

C. 社会保障方面(如养老、医疗、救助、法律保护)

D. 文化发展方面(如青少年教育、科技发展、社会主义核心价值观培育)

E. 生态保护方面(如环境保护、雾霾防治、水资源利用)

F. 其他

问卷第 14 题主要考察基层群众比较关注的政策理论类别，按照中国特色社会主义总布局理论，将与民众密切相关的政策理论分为经济、政治、文化、社会和生态 5 大类。观察统计软件生产的饼状图 2-11 可以发现：基层群众对经济发展以及社会保障两大方面比较关注，选择频率都为 26%；基层政治、文化发展以及生态保护三大方面的选择数目相对较少，选择频率基本都集中在 15%左右；还有一小部分的基层群众对其他方面的政策比较关注。这一统计结果提示基层群众首先关注的是和自身利益息息相关的“肚子”问题，然后才是和政治、文化、生态有关的“面子”问题，在政策理论需求上具有层次性。这一结论和管理学中经常提及的马斯洛层次理论①有较为直接的联系，反映出公共政策体系中与物质需求和收入分配、财产保护相关的内容特别受到普通民众的关注，从增加民主的获得感、幸福感的角度来看，这些政策的变化和完善也更为敏感、更为有价值。因此有关部门在今后的工作中，可考虑将基层宣传贯彻工作的重点持续放在经济发展以及基本社会保障两类政策的传达与落实，同时兼顾基层政治、文化发展以及生态保护等政策类别，进一步有效满足基层群众希望深入了解的政策信息和具体实施方案。

问题 15：就政策内容而言，您觉得目前在哪方面最需要改革？（多

① 马斯洛理论把人的需求细分成五类：生理需求(Physiological needs)、安全需求(Safety needs)、爱和归属感(Love and belonging)、尊重(Esteem)和自我实现(Self-actualization)，这五类需求由较低层次到较高层次排列，通常较低层次的需求得到满足后才会转向更高层次。马斯洛需求层次理论是行为科学中的最重要理论之一，由美国知名心理学家亚伯拉罕·马斯洛在 1943 年论文《人类激励理论》中首次提出，后被大量引用并作为一项基本的管理规律得到广泛应用。

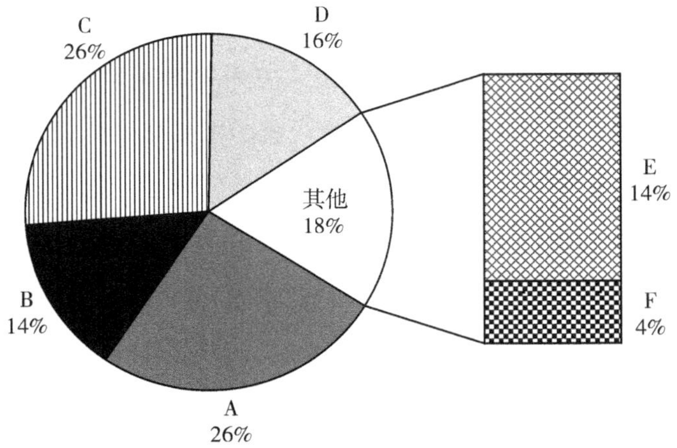

图 2-11 基层群众关注的政策理论

选题)

A. “生育”政策(如二孩政策)

B. “收入”类政策(如增加收入、最低工资制度、保护劳动者权益)

C. “土地”类政策(如征地补偿、宅基地流转、自建住房)

D. “就业”类政策(如促进就业、创业和维护就业公平)

E. “社会基本保障”类政策(如养老、医疗、救助)

F. 其他

问卷第 15 题主要考察基层群众认为当前需要改革的政策内容。从统计软件绘制的雷达图 2-12 可以看出，在第 15 题所涉及的六个方面政策，基层民众选择数目分布不均匀，存在较为明显的差异。其中收入政策、就业政策与社会保障政策选择频次较多，在雷达图中离雷达中心点较远，被选数目所占总体样本的比例都在 50%以上。认为生育与土地住房类政策需要进行改革的样本数目相对较少。由此可见，政府部门可考虑急群众所急，以基层群众认为迫切需要改革的一些政策为切入点进

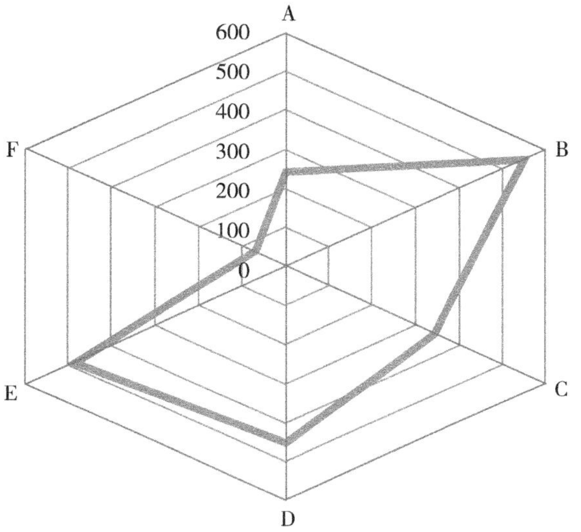

图 2-12 基层群众认为需要更改政策理论

行完善与创新。

问题 16：您当前最想了解关于哪方面的政策理论？（多选题）

A. 子女问题（如生育政策、教育公平和考试改革）

B. 户籍制度改革（如村改居、城市落户政策）

C. 国家财政补贴政策（如住房补贴、粮食补贴政策）

D. 养老制度（如养老保险、退休待遇、高龄补贴、养老设施）

E. 医疗保险（如大病保险、城乡统筹医疗、医保异地支付）

F. 就业政策（如扩大就业、就业培训、改革失业保险政策）

G. 土地政策（如征地补偿、宅基地流转、保障性住房政策）

H. 法律制度改革（如司法制度改革、农村集体土地确权政策）

问卷第 16 题主要考察基层群众最想了解的政策理论。该问题涉及 8 个选项，分别从养老制度、医疗保险、就业政策等八大方面进行了统计分析。由统计绘制的饼状图 2-13 可以得出，广大基层群众对“养老制度“与”医疗保险“两个方面的政策具有较大的了解需求，接近 20%的样本选项中涉及到这两方面内容。这两类政策是当前全面深化改革的重点领域和难点，也是社会热点，各种专家和媒体解读也比较多，老百姓非常关注。了解需求相对较小的是户籍政策、土地政策与法律制度改革，不足 7%的样本涉及到了这两个选项，说明这些政策执行比较顺畅或政策比较稳定和透明，变动方向符合群众预期。本题的调查结果提示有关部门可以根据统计数据，针对基层群众迫切需要了解的政策理论进行进一步的宣传，广泛利用传统媒体，创新使用新媒体，逐步扩大政策理论的知晓率与影响力。习近平总书记曾强调：“制定出一个好文件，只是万里长征走完了第一步，关键还在于落实文件”。这也提示决策和行政部门在贯彻落实养老制度和医保制度改革时，尽可能地倾听基层的声音，做好沟通互动和解释宣传，使得好文件、好政策、好方案能落实并为群众理解、接纳和拥护。

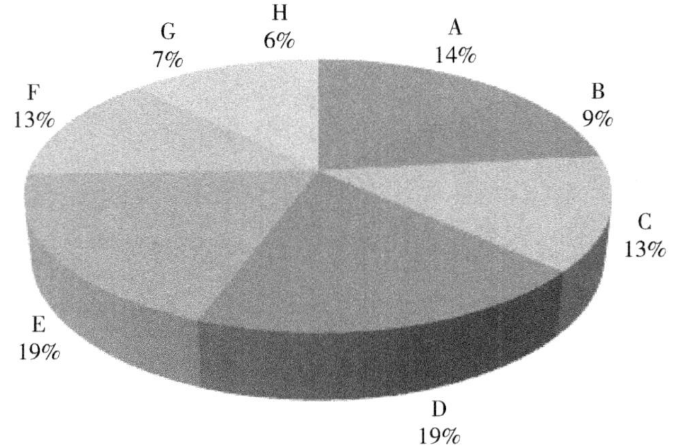

图 2-13　基层群众最想了解政策理论

2.2 调查主要结论

(1)在群众获取政策理论信息状况上，总体处于“可部分获取”状态，这反映出在深入开展政策理论下基层活动和提高基层群众获取政策信息能力两个方面均有待提升。其中男性在获取政策理论信息方面优于女性；36~55岁中年人口优于其他年龄层次，25岁以下青年人的获取状况最差。具备城镇户口，已婚有配偶，家庭里有大学生的居民相应获取政策理论信息的能力和机会更多一些。而且随着家庭收入的提高，其家庭成员关注政策文件并获取信息的情况更好一些。

(2)基层干部比普通群众更易知晓政策文件的内容，这是职业特点和岗位职责决定的。政治面貌为中共党员的受访者在获取政策文件内容方面也要明显高于非党员。体制内居民在获取政策文件方面优于体制外居民。综合看来，可认为基层党员干部在宣贯政策理论上具有信息和知识优势，可以发挥更大作用。

(3)政策面向基层群众传达不到位和政策响应不及时这两个因素成为了严重影响基层群众了解各类政策理论文件的瓶颈，这可能是政策发布、阐释和官方与群众互动机制上仍存在有待完善的地方。有关部门应从群众需要出发开展工作，深化改革，眼睛向下，面向基层，为民谋利。

(4)群众认知度最高的是生育政策、基本社会保障政策和教育政策，认知了解程度最低的是土地房产政策和基层政治类政策。土地政策、收入分配政策、就业政策认知程度系数的标准差均大于1，在认知程度上具有较大差异。对基本社会保障政策、教育政策和基层政治体制的认知差异则相对较小。

（5）基层群众对地方政府“问政于民、问需于民、问计于民”三个方面的满意度评价均值为2.97（即百分量化值为74分），总体评价结果为“一般”。城镇居民对当地政府响应群众政策理论需求的评价明显高于农村户口居民，说明农村基层政权组织在了解农民政策需求、响应农民诉求方面还需进一步加强。各级政府应当在“三问”方面继续加大力度，通过深入基层、加强宣传、增加互动渠道、提高执行力等多种方法把好事办好，逐步提升基层群众对国家各项政策理论的认同感。

（6）基层群众普遍认为社区或街道组织的政策理论学习或宣讲活动比预期少，与群众的实际需求有较大差距。农村社区举办类似活动的频率更低一些，明显低于城市社区，其原因可能是农村社区人口密度低，活动开展难度大，也缺乏专业人员的参与。

（7）基层群众在遇到政策理论方面的疑问时，倾向于“自力更生”，通过自己查阅或者咨询官方代表（基层干部和工作人员）来寻找答案。家庭里有大学生的受访者明显倾向于自己查询相关政策文件，而没有大学生的家庭倾向于对外咨询。通过交叉分析还可发现：男性倾向于自己查阅，女性倾向于咨询亲朋好友；基层干部、党员、体制内居民更倾向于自己查阅政策文件，且比例高于普通群众。选择自己查询信息的受访者还略多于对外咨询的受访者，说明在新时期可充分利用各种公开媒体和工具来做好沟通互动。在解决政策理解上的困难时，官方的及时回应比较好地解决了他们的问题。

（8）城乡居民在表达政策需求的渠道方面基础较好，超过六成的居民可以找到表达合理诉求的渠道。渠道建设方面的薄弱环节仍旧出现在农村，体制外居民和低收入者是有待得到进一步信息帮扶的群体。

（9）基层群众对“政策理论下基层”的认同程度较高，很受欢迎，整体上都接受并赞同实施这项民心工程。

（10）为了进一步做好政策理论宣传工作，可以考虑选择广大基层群众倾向的接收方式，优化组织形式和载体，进一步拓宽和创新沟通互动渠道，努力选择广大基层群众倾向的接收方式，优化和丰富组织形式和载体，如组织宣传会议、学习课堂、文化夜校、文明讲坛等，并提供讨论发言的机会与平台，适度减少“满堂灌”式的专题报告会，充分利用互联网平台，实现政策理论学习的始终“在线”，以便捷的互动和多元化的沟通渠道来满足基层群众学习了解政策理论的需求。

(11)群众更倾向于采用三种方式满足基层政策理论需求，一是希望政策更加精细更加有针对性，能充分考虑到各个阶层和群体的利益诉求。二是希望政策理论的说明和文风更加通俗易懂，高大上的理论也需要接地气、有活力，方便群众理解和掌握，在用词上也应有所“生活化”。在这方面中央已经做出了很好的表率。三是呼唤宣传方式和工具的创新，期望能以更加鲜活、更加有效、更加多样的方式来发布和宣讲政策理论。

(12)基层群众目前了解国家出台的政策理论的主要渠道是广播、电视和网络新媒体，选择书籍报刊和听人员宣讲、报告的形式比较少。“广泛利用新闻媒体进行宣传”这一渠道受到了广大基层群众的普遍欢迎，有利于让政策理论广泛地被知晓和领会，进一步惠及于民。

(13)湖北基层群众在政策理论需求上具有层次性，首先关注的是和自身利益息息相关的“肚子”问题，对经济发展以及社会保障两大方面政策最为关注，然后是和政治、文化、生态有关的“面子”问题。

(14)群众认为当前最需要改革的政策类型存在较为明显的分化。其中选择收入分配政策、就业政策与基本社会保障政策频次较多，占比都在50%以上。认为生育政策与土地住房类政策需要进行改革的相对较少。

(15)广大基层群众对“养老制度”与“医疗保险”两个方面的政策具有较大的了解需求。这两类政策是当前全面深化改革的重点领域和难点，涉及家家户户的切身利益，涉及社会的稳定和谐，老百姓非常关注，这项改革的每一个进程每一个调整都尤其对中低收入者产生重大影响。了解需求相对较小的是户籍政策、土地政策与法律制度改革，说明这些政策执行比较顺畅或政策比较稳定和透明，变动方向符合群众预期。

第3章　调查反映的问题和主要成因

3.1　问题归纳

3.1.1　政策理论下基层的实际效果方面

根据课题组的调查，受访地区虽对各类政策理论的发布、宣传、阐释、推广贯彻实施和政策反馈做了大量工作，在政策理论深入群众、深入基层、深入人心方面取得了明显进展。但仍然存在着基层群众获取政策理论信息困难，对核心政策虽关注但不了解，对比较明显的政策理论的需求无法得到合理及时满足的现象。此外，存在群众对政策理解与官方说明和阐释不尽一致的情况，还有对有的政策实施效果缺乏信心，存在负面预期等问题，对此基层干部仍缺乏解决办法甚至束手无策。对土地征用、社保医保、收入分配这些本身条款众多、设计复杂，流程繁复且计算标准、核算依据、计算规则经常变化的政策，还处于职能部门在宣传解释上照本宣科、各自为政，老百姓一知半解甚至莫名其妙的状态。有些政策要求只有原则规定，且需要民主协商或一事一议的政策文件，在信息传递和具体事务处理上如果掉以轻心，马虎草率，更加容易引起基层群众的质疑和不满，基层干部也因此承受较大的工作压力。事实上，“红头文件”有一些确实存在着听不懂、信不过、难执行三类突出问题。“听不懂”就是一些行政机关颁发的文件，整篇都是复制或缩写上一级政府相关部门的有关文件，内容往往偏重很宏观的语言，没有结合本地实际情况的分析，也没有结合本地实际的工作要求。群众听了云里雾里，确实不知说的是哪里。“信不过”表现在一些文件就是做做样子，上面说了提了要求，地方不有所表现也不行，但是基本上不考虑落实的问题。例如好多部门和机构在做自己的“十三五规划”，做的时候煞有介事、厚厚的一沓文稿，但是可能大家心里都很清楚：“规划规划，墙上一挂”。谁落实？谁检查？最后变成自娱自乐、成了空摆设。“难执行”表现为有的文件起草者比较马虎，行文不够严谨，让具体工作者在认识上、理解上产生困难或讹误，严重影响了正常工作的开展。文件中的问题被指出后，往往又死要面子，不愿意修正错误，不主动解决问题，要群众自己想办法解决。这样的文件实际上成了群众办事的“拦路虎”。①

上述问题反映到政策理论宣传的实施效果上，高达32%的受访群众反映“政策传达不到位”，信息公开不够，好事不出门，对惠民利民信息甚至存在信息截留和阻滞。影响对政策理论理解和接纳因素中排第二位的是“政策响应民众需求不及时”，占比达到20.3%（具体数据见表3-1），这反映出一般群众的政策理论需求在反馈渠道和反馈速度上还差强人意，贯彻实施上没有做到以人为本统筹兼顾，难以适应治理体系现代化的要求。

---

① 孙华峰：《文件接地气 办事不迷糊》，《河南日报》2016年9月20日第13版。

表 3-1 影响基层群众对政策理论理解程度的因素分析

	频率	百分比(%)	累积百分比(%)
政策理论本身复杂不好懂	126	14.5	14.5
政策传达不到位	277	32.0	46.5
政策解释不到位	126	14.5	61.1
政策响应民众需求不及时	176	20.3	81.4
基层干部言行不一致	161	18.6	100.0
合　计	866	100.0	

3.1.2 政策理论的互动渠道建设方面

总体上在还存在现代化的宣传渠道较少、宣传形式相对单一、专项政策解读不够专业、宣传力度可持续性不足、居民表达政策需求渠道不够畅通、政策舆论风险缺乏应对、宣传对象存在死角空白等现实问题，亟待针对薄弱环节和薄弱群体增加政策理论的精准供给、定向供给。

(1)现代化宣传渠道利用较少。

近几年各类政策理论的传播还是以传统的大众传播媒介为主，尤其是纸质媒体(报纸、杂志、书籍)和电视和网络新媒体。宣讲会议、专家讲座、社区文体活动等渠道的积极作用仍没有充分发挥。传统的大众传播媒介，有其固有的优势，但新媒体可以超越时间和空间的限制，最快速度、最大范围、最大限度地宣传政策理论。宣讲会议、专家讲座、社区文体活动等实际活动的感染力和直观性不言而喻，将多种渠道结合使用才能使政策理论宣传效果达到最优。

据调查发现，政策理论的宣传对象主要是面向基层干部和积极分子。各种形式的讲座、宣传资料的分发或者相关会议的召开大多数是在基层组织内部进行，公众参与还处于启动阶段，直接面向基层群众的政策理论学习或宣讲活动极少举办，与群众期望差距较大。虽然现在推出了电子政务和社区网站等措施，但是硬件设施的配置上也主要是在居(村)委会办公所在地，对一般的群众尤其是对于知识文化水平较低的居民来说，对于它的知晓程度、使用方法、开放时间、主要功能都不明晰，这严重阻碍了群众利用这些便民设施和平台了解和咨询政策理论的效果。

(2)宣传手段有待创新。

课题组通过某工业园区的实地调查走访发现，在宣传形式上目前社区主要通过拉横幅、贴标语、发宣传册、开群众会议等传统形式进行宣讲，偶尔请上级领导或专家进社区进行解读阐释，由于没有新意，难以吸引基层群众的参与，尤其是年轻人和留守妇女、老人难以真正了解各类政策理论的具体内容和新特点。高达九成五的受访者支持和赞同“政策理论下基层”活动，但这一好的形式并未广泛深入开展。调查显示最受受访者欢迎的政策理论学习方式是参加宣讲会议并互相交流讨论①，但这种形式并未得到普遍重视和采用。尽管有 71.8%的受访群众都非常赞同或比较赞同电子政务(政务上网)这种新的传播方式和办事方法，有 25%的居民倾向于通过网络查询政策理论信息，但实际生活中通过设立宣传网站、发微博、QQ、短信等形式来开展政策理论宣贯和咨询的作用还没有得到基层组织充分的重视和利用，一些干部考虑到个人隐私也不愿意公开利用网络与群众进行沟通互动。

---

① 见本调查问卷第 10 题的统计结果。

（3）宣传力度可持续性不足。

大量出现的"村改居"社区化作为城镇化过程中的重要一环，无论是人口数量、身份，还是生活方式、经济发展水平等方面都在急速变革，思想层面亦是如此。而各类政策理论宣传作为地方政府宣传的核心内容，其宣传力度远远跟不上转型的步伐。宣传还停留在表面，没有深入到基层群众的日常生活中去。在不少社区，无论是基层干部还是群众，对各类政策理论的认知和理解都是浅层次的。一个例子是当课题组成员询问"四个全面"战略和"两个一百年"目标时，当地有些基层干部竟然还不知道。同时在宣传时间上，往往都是短期和阶段性的，没有长期持续有效的宣传机制。事实上，对各类政策理论的宣传推广应该是一个循序渐进、不断改进的过程，不可能一蹴而就。

（4）政策理论的精准供给有待加强。

在需求表达和传递上，部分基层群众本身对政策关注度不够。本次调查的社区由于大多正处在从农村向城市转型的过程中，相对落后的教育水平和狭窄的信息获取渠道使得受访者整体认知水平尚不太高。在本次对工业园区群众进行问卷发放和采访过程中，不少中老年人由于识字有限或文化偏低，使得拒绝填写问卷或填写困难的现象时有发生，受认知水平和教育水平限制，这部分居民对时事新闻或社会动态关注度不够，导致其对政策的理解来自道听途说，难以领会好政策蕴含的好精神。因此，如何针对这一类群众做好宣传阐释工作，仍需要有新的思路和举措。尤其是需要地方政府和基层通过实践探索，让决策者和智库能更好地接近群众、了解群众、熟悉群众、掌握群众，同时让老百姓认知政策、理解政策、拥护政策，在合适的安排下积极参与政策制定、完善和修改，从而更好地落实政策、推动政策理论的有效供给、优质供给、精准供给。

3.2 原因分析

(1)部分基层干部本领不足无法适应现代化要求。

当前我国正处于全面建成小康社会的关键时期，各种政策理论供给比较多，政策根据环境变化的不断变革和发展也成为了一种新常态。在此背景下，要想更好地向基层群众宣传贯彻各类政策理论，这就要求基层干部自身素质较高，勤于学习善于学习，做到自己真学真懂，具备深刻解读各类政策理论的本领和能力。此外由于基层干部本身直接接触老百姓，还要在接地气接人气上有办法有思路，善于将复杂难懂的政策理论简明化、便捷化、通俗化、具体化，做好落细落实落小工作。这些当然都不是一件容易的事。根据调查走访，我们发现在政策宣传阐释方面，除了少数专职干部外，基层党员干部并发未挥其应有的作用，在宣传落实各类政策理论方面仍存在许多不足之处。比较突出的问题是本领不足，与其他社会群体相比，还有相当一部分基层干部对政策内容不了解不熟悉，在理解和解读政策能力方面并不占优势，在使用现代化手段和工具上滞后于群众和时代的要求，只会当“收音机和传声筒”，不会当“电脑”，只会当政策理论的“搬运工”，不会当讲师当教练，使宣传效果受到严重制约，进而影响基层群众对各类政策理论的认同和接受，也不利于将基层的声音及时传送到决策层。

(2)自身定位不准确，模范带头作用尚不突出。

基层党员干部是各类政策理论的培育者、践行者和带动者。基层干部的一言一行、一举一动，都直接影响着各类政策理论被基层群众接受的程度、广度和深度。基层干部作为党和政府在基层的“代言人”，在贯彻落实各类政策理论方面还要充分发挥示范带头作用。然而由实际调研所得数据表明，很大一部分基层干部的责任意识缺乏，自身定位不准确，未能清楚地认识到其在协同宣传各类政策理论方面的作用，甚至因为言行不一致没有起到模范带头作用(这一原因的占比达到全部受访者的 18.6%，占影响群众对政策正确理解因素的第三位)。还有的干部担心所谓的“言多必失”，谨小慎微，不求有功但求无过，在面临改革攻坚阶段的难点热点问题时唯唯诺诺，退避三舍，从而影响其在各类政策理论的宣传阐释上的主体作用和功能。

(3)个别社区干群关系不和谐，宣传效果大打折扣。

要想各类政策理论的宣传取得积极的效果，要求干群关系非常和谐，基层干部必须时刻把基层群众的需求放在心中最高位置，全心全意为人民服务。然而实际上，仍存在一小部分基层干部未能落实群众路线，未能把自身利益同基层群众利益相统一，在落实工作过程不善于化解矛盾和不和谐因素，导致党群干群工作紧张。例如在某工业园的一个大型社区，主要干部很少去居民家中，选派的网格管理员居民大多不认识，和课题组一起走访时群众连大门都不让进。基层干部的公信力和权威性不能建立，基层干部在向基层群众宣传各类政策理论时，基层群众易产生抵触情绪，宣传解释的效果就大打折扣。

(4)干部工作作风有待改善，工作方法有待改进。

在各类政策理论认知度的实地调研中，通过同被调查者的交流，课题组了解到，部分基层群众对基层干部的工作作风和工作方式尚不满意。在某些社区，部分基层干部工作作风不实，深入群众调研不够，甚至有的基层班子涣散，干部官僚主义严重，身边的腐败现象时有发生。这就导致了这部分基层干部在宣传各类政策理论的过程中，不能认真及时地将理论内涵和文件精神传达给基层群众，也没有底气理直气壮地开展工作。因此，要积极从基层干部作风的改善来引领整体风气的好转，继而更好地宣传落实各类政策理论。同时，部分基层干部的工作方法不当，某些聘用人员缺乏专门训练，工作效率不高，导致在各类政策理论的宣传中，基层群众难以理解和接受，有疑问也难以找到准确合理的解答，有困惑也没有部门或人员能给出权威有效的回应，从而影响基层群众对政策理论的了解和认同程度。

(5)部分群体生活缺乏稳定保障，无暇顾及政策理论。

在一些新建转型社区和老旧社区，由于征地问题、就业问题、养老问题、医疗保障问题凸出，一些居民还处于失地、失业的困难之中，因身份转换带来的不安全感也容易产生抵触心理。这种负面情绪也在一定程度上影响了其对各类政策理论的认同。尤其是处于中老年期的农村居民大多处于留守状态，就业无保障、医疗保障也不全面，对有关政策的质疑和不解更为强烈。农村青壮年群体在无土地保障又无城市落户资格的背景下，如果外出就业面对残酷的市场竞争，抚养负担、子女教育、养老压力成为了他们首先急需解决的家庭问题，根本无暇顾及理论学习，因此缺乏对国家各类大政方针的关注和支持，存在为了“肚子”不顾“面子”的情况。在这些群体中存在思想文化和政策理论宣传的死角和空白，容易产生情绪聚集的风险，也容易为不良意识形态所占据，必须予以高度重视。

第4章　提升政策有效供给的理论分析与实践探索

执政依靠人民、为了人民，是中国特色社会主义制度的重大优势。具体而言，积极回应民众关切，想法设法改善民生是各级政府的重要职责。在这方面党和政府历来高度重视，扎实推进，老百姓的关心就是党和政府的关切。2012年11月，新一届中央政治局常委同中外记者见面时，习近平总书记就深情地指出："人民对美好生活的向往，就是我们的奋斗目标"，人民"期盼有更好的教育、更稳定的工作、更满意的收入、更可靠的社会保障、更高水平的医疗卫生服务、更舒适的居住条件、更优美的环境，期盼孩子们能成长得更好、工作得更好、生活得更好。"这些朴实话语彰显了新一届领导集体立党为公、执政为民的情怀和担当。2016年3月16日李克强总理在回答中外记者关于"推进医保全国联网"的问题时，掷地有声："我们执政的目的是为什么？出发点和落脚点还是为了改善民生，就是要让群众对民生的呼声和要求，倒逼我们的发展，推动和检验我们的改革。"这实际上指出了改革的目标在于改善民生，改革的方案和举措是否合适、是否有效、是否成功最终取决于是否有利于群众改善生产生活条件和增加幸福感、获得感。在2017年1月4日举行的首次国务院常务会议上，李克强总理就明确要求国务院各部门负责人主动回应社会关切。指出："对于各类市场主体提出的有代表性意见，对于群众的重大利益关切，各级政府要敢于担当，主动回应！"①空气污染、中国经济改革、居民医改、税收营改增、企业多证合一等，这些当下群众关心的热点、焦点都得到国务院各部长们的主动回应。习近平同志曾指出："领导干部要增强同媒体打交道的能力，善于运用媒体宣讲政策主张、了解社情民意、发现矛盾问题、引导社会情绪、动员人民群众、推动实际工作。"②全国两会期间在人民大会堂有一个"部长通道"，原来部长们经过时多是行色匆匆，但在十八大之后，许多部长越来越愿意主动到台前，从记者"追访部长"变成"部长来访"、"部长发布"。2013 年参会的一位女记者，曾因在一天之内就拦下了 10 位部长而以"拦部姐"变身"网红"。不过到 2014 年她就感叹自己"失业"了，称当时不能"拦部"的遗憾"变成了可以轻松提问的喜悦"。③ 从上述现象可以发现自上而下以人民为中心的发展思想正逐步得到日益深化和具体落实。

4.1 做好政策供给侧改革是以人民为中心的必然要求

习近平总书记曾指出，"让老百姓过上好日子是我们一切工作的出发点和落脚点"。检验一切工作的成效，最终都是要看人民是否真正得到了实惠，人民生活是否真正得到了改善，人民权益是否真正得到了保

---

① 中国政府网：《总理发话后，"部长们"第一时间回应公众关切》，http://www.gov.cn/xinwen/2017-01/12/content_5159191.htm，2017 年 1 月 12 日。

② 《习近平在党的新闻舆论工作座谈会上强调：坚持正确方向创新方法手段提高新闻舆论传播力引导力》，《人民日报》2016 年 02 月 20 日 01 版。

③ 沈嘉：《"部长通道"前世今生 中国政治生活别样风景》，http://www.chinanews.com/gn/2016/03-03/7782215.shtml，2016 年 3 月 3 日。

障。① 政策理论不是教条文本，而是为人服务的，是通过实施和实践用于为人民服务的。“人们自己创造自己的历史”，人民不仅是“历史的剧中人物”，而且是历史剧的“剧作者”。② 毛泽东同志曾指出：“为什么人的问题，是一个根本的问题，原则的问题。”③十八大以来以习近平同志为核心的党中央，在治国理政新实践中继承了马克思主义价值观的人本思想，体现了社会主义的人道主义，继承了邓小平理论中“坚持人民是历史的主人，一切从人民利益出发，人民利益高于一切”的价值观，发展了“三个代表”重要思想中一切工作“为了实现好、维护好、发展好最广大人民的根本利益”的价值核心，继续将“三个有利于”作为压倒一切的价值标准，继续坚持把“人民拥护不拥护”“人民赞成不赞成”“人民高兴不高兴”“人民答应不答应”作为评判各项方针政策的最终价值导向。习近平同志多次指出：我们的党是全心全意为人民服务的党，我们的国家是人民当家作主的国家，党和国家一切工作的出发点和落脚点是实现好、维护好、发展好最广大人民根本利益。“保证和支持人民当家作主不是一句口号、不是一句空话，必须落实到国家政治生活和社会生活之中。”他提出坚持人民性，就是要把实现好、维护好、发展好最广大人民根本利益作为出发点和落脚点，坚持以民为本、以人为本，解决好“为了谁、依靠谁、我是谁”这个根本问题，坚持以人民为中心的工作导向和创作导向，把党的理论和路线方针政策变成人民群众的自觉行动，及时把人民群众创造的经验和面临的实际情况反映出来，丰富人民精神世界，增强人民精神力量。④ 习近平同志提出“中国梦归根到底是

---

① 《让老百姓过上好日子——关于改善民生和创新社会治理》，《人民日报》2014 年 07 月 10 日 08 版。

② 《马克思恩格斯选集》第 1 卷，第 603 页和《马克思恩格斯全集》第 1 卷，第 113 页。

③ 《毛泽东选集》第 3 卷，人民出版社 1991 年版，第 857 页。

④ 习近平在全国宣传思想工作会议上的重要讲话，2013 年 8 月 19 日。

人民的梦”，中国梦的深厚源泉在于人民，中国梦的根本归宿也在于人民。这一治国理政重要思想延续了科学发展观“以人为本”“全面协调可持续”的价值理念，并根据新的形势和新的矛盾，在新的历史起点和新的奋斗目标下进行了拓展和升华，提出了“以人民为中心”的发展思想，形成和提出了五大发展理念，彰显了人民至上的价值取向。

“以人民为中心”的发展思想和价值取向必然要求各项公共政策符合中国特色社会主义的根本要求，符合广大民众的发展要求和愿望，要求各部门和公共机构从调查研究、起草制订到落实完善，再到进一步地改革发展，在不断地响应群众呼声呼吁，不断满足群众物质文化需求的基础上逐步提高政策质量和水平，使之适应生产力、发展生产力、推动生产力、引导生产力，成为真正惠民利民的政策体系，并在体制机制逐步完善和成熟定型中推动我国现代化治理体系和治理能力的形成。例如中国政府网联合国内主流网络媒体，自 2015 年连续开展网民建言征集活动，“我向总理说句话”已成为一项高口碑高知名度的品牌活动。2016 年该活动共收到网民留言 18. 3 万条，其中 1503 条优质建言分 10 批报送至国务院有关领导和政府工作报告起草组，当年的《政府工作报告》有 93 处表述与网民的建言献策高度契合，数量是 2015 年的两倍。① 最热门问题如“加快推进医保全国联网”“进一步缩小养老金双轨制待遇差距”“加快城市廉租房建设进度”“根治以药养医”“建议延迟退休政策采取弹性制度”都得到了及时回应。其中获得网友 1098 万张投票的“加快推进医保全国联网”的民生呼吁，国务院已要求在基本解决省内就医异地直接结算的基础上，争取用两年时间，使老年人跨省异地住院费用能够直接结算，使合情合理的异地结算问题不再成为群众的痛点。2017

① 中国政府网：《政府工作报告 93 处与网友建言高度契合》，http：//www.gov.cn/xinwen/2016-04/01/content_5060335.htm，2016 年 4 月 1 日。

年自网民建言活动上线以来，海内外网民踊跃参与，截至2017年1月13日就已收到网民留言超过10万条。广大网民围绕“办事少跑腿”“老有所养”“病有所医”“加强政府自身建设”等15类话题，对政府工作提出意见建议。建言热度较高的前5类领域依次是住房(11.14%)、教育(11.04%)、社会保障(10.20%)、医疗(8.53%)、就业和工资(7.35%)。网民的留言经汇总整理后，已报送国务院相关领导和政府工作报告起草组参阅，而且受篇幅限制，优秀建议虽然只有一部分纳入报告，但全部都会报给有关部门，所有部门都能看到。①

4.2 处理好顶层设计与政策落实的关系

在新时期基层响应落实“五位一体”战略部署和“四个全面”战略布局的关键是处理好顶层设计与政策落实的关系。这也就是说理论建构和实施战略的顶层设计必须和具体的工作相衔接相契合，尤其是推进国家富强、社会和谐和人民幸福这些宏大社会工程的实施，需要每一个社会组织和公民个体的积极参与和自觉践行，否则再宏大的理论阐述和顶层设计都会因流于形式、浮于表面而失去了指导意义。简单不等于容易，细节承载着社会的文明。“使人疲惫不堪的不是远方的高山，而是鞋里的一粒沙子”。中国特色社会主义“五位一体”战略布局的建设最终体现为从理论到实践，体现为从群众中来，到群众中去，为群众所拥护、所掌握、所支持、所参与。也只有群众掌握了其基本内容和理论精髓，了解了各项政策出台实施的意义和功能，才能进一步形成价值共识和推动

① 中国政府网：《2017年“我向总理说句话”网民建言活动网民留言突破10万条》，http：//www.gov.cn/xinwen/2017-01/14/content_5159613.htm，2017年1月14日。

理性认同，才能有意识地去实践去发展。政策成效的检验标准，不是看出了多少书，写了多少文章，而是看是否对改善物质文明和精神文明状况起到正面的效果；是否解放和发展了生产力；是否提升了中国的硬实力和软实力；是否提振了建设中国特色社会主义事业的精气神；是否改善了社会风气和工作作风；是否让普通人也在不断的践行中既提高认识、净化自身也从中得到实惠、获得收益。

实事求是，一切从实际出发，全面联系发展看问题，是马克思主义基本的认识论、方法论。从顶层设计到落细落小落实，实际是基本原理和理论体系的大众化问题，是理论掌握群众、武装群众和群众信任理论、掌握理论、运用理论、践行理论的交互过程。理论要深入基层，就需要合适的人在合适的场合通过合适的方式把理论用简单质朴的语言讲清楚，用群众喜闻乐见的方式说明白，使之更好地为广大党员和人民大众所理解、所接受、所掌握。倡导用中国理论解决中国问题，倡导用中国话语解读中国道路，倡导用中国实践汇集中国力量，倡导用中国声音唱响中国故事。在改革开放新时期，推进理论大众化，特别要突出问题导向、解疑释惑、解决问题，通过社会实践满足广大人民群众的现实利益需求和长远精神需求，最终获得人民群众的认同和信任(任德新和楚永生，2014；钟顺虎，2016 等)。要加强从中央到老百姓中间各级组织和基层干部队伍建设，保持看齐意识，保障精神传达的准确及时和政令畅通，绝不能“上面九级风浪、底下纹丝不动”，通过打通“最后一公里”甚至“最后一百米”，完成从理论体系到社会实践的关键一跳，从知到信再到行，① 将科学理论转化为建设中国特色社会主义的强大物质力量和精神依托。

---

① 此处借用毛泽东同志早年的论述“知也，信也，行也，为吾人精神活动之三步骤。”载《毛泽东早期文稿》，湖南人民出版社 2008 年版，第 202 页。

很多时候，政府文件出台的初衷是好的，可是很多老百姓不明白咋回事，不知道里面透露的哪些信息对自己有用，哪些是有效的“干货”，于是造成众多信息不对称的事情发生，所以，只有政府文件接地气，老百姓才会办事不迷糊，政府部门办事效率才会高。① 李克强总理在2016年“两会”答记者问中也指出：“我们出台一些政策，本来是为了利民、惠民，群众看不懂、有疑问，那就要解释。”例如在文化建设中，针对建设“法治”社会和“全面依法治国”价值观的宣传，由于日常生活消费、商务活动、民事纠纷都与老百姓息息相关，媒体报道(如各媒体普遍开设的法制栏目)也俯首皆是，不少人还和官司、合同、诉讼、法院、律师这些法治实体有接触，存在切身感受，因此不可能脱离生活案例和社会事实去进行宣传和灌输。文化启蒙和改良的主体是人民，法治的本质和依靠在于民治。民治不兴，法治难成，依法治国必须要靠广大人民群众普遍参与到法律的执行与实施中来(陈云良，2016)。在体制机制设计上，2016年5月江西印发了《江西省道德模范礼遇帮扶实施办法(试行)》，设计了为模范提供免费乘坐公交、地铁，优先安排住院床位等福利清单，通过建立完善礼遇帮扶道德模范的常态长效机制，进一步树立好人好报、德行天下的价值导向，推动社会主义核心价值观落细落小落实。陕西省倡导“好人有好报、有德才有得”的价值取向，引导更多的人滋长好心、萌发好意、多做好事、争当好人。加大对道德典型的表彰力度，成立关爱帮扶基金会，动员社会各界帮扶困难“好人”。深圳在全国首先用立法的形式对遵守公共秩序、维护公共环境等文明行为进行鼓励和促进，制定了《深圳经济特区文明行为促进条例》，用融

---

① 孙华峰：《文件接地气 办事不迷糊》，《河南日报》2016年9月20日第13版。

入法治建设的办法提升市民的文化水准和文明素养，助力城市的精神文明。① 提出一个好的先进的核心价值观，不等于自动使得国家和社会具有这种价值观，个体需要通过教育和体验习得自己的价值观并进而自我认同。社会共同体也需要通过价值观的教育和引导，甚或以规范和强制来“使其成员将共同体独特的价值观内化，进而通过这种共同的价值观来塑造和凝聚它的成员，使其成员对共同体产生认同。”②因此顶层设计作为一种“供给侧”，为培育和弘扬核心价值观提供了良好氛围和保障基础，为落细落小落实提供了有利的宏观环境，为实施具体的举措、行动和项目提供了方向上的指导。同时，各个层级的顶层设计也需要考虑实践中的绩效反馈，要考虑阶层和群体的认知差异，建立“闭环系统”，要及时根据环境的变化、社会的转型升级、经济的跌宕起伏、地方上的文化习俗而有所完善有所修正，坚持发展的观点、时代的观点，在体制机制和政策设计上因地制宜、精准规划、与时俱进。在实践中还要把握价值观认同的层次性和差异性，不强求道德文明素质的限时“达标”和“飞跃”，不搞文明程度评价的“一刀切”，慎重进行所谓的量化打分和排序，避免出现浮夸的文明建设工程。

从我们的调查来看，推进政策落地和制订政策以及提高民众的认知程度要做的工作一样繁重，由于基层情况千差万别，践行任务和推进落实往往更加繁重、更加琐碎、也更加困难，但正是在这样的环境和规律下，更不能急于求成、大干快上，好心办了坏事，更需要春风化雨、以文化人，更需要持之以恒，锲而不舍，驰而不息，真正按照习近平同志

---

① 韩文嘉，周元春等：《将社会主义核心价值观融入法治建设》，《深圳特区报》，2016-03-07，A7 版。

② 袁贵仁：《价值观的理论与实践：价值观若干问题的思考》，北京：北京师范大学出版社，2013 年，第 8 页。

提出的"为群众办实事，要扎扎实实，坚持不懈，久久为功"办事。①

4.3　处理好长效机制和政策宣传阐释的关系

从课题组深入基层的调查结果看，在政策宣传方面营造声势相对容易，但建立和巩固长效机制和常效机制相对困难，在提升群众对政策认知认同工作方面管一时容易，管根本和利长远则挑战很大。根本原因在于政策的制订和实施本身是一项系统工程、社会工程，不容易立竿见影，也不可能在中短期见到明显成效，而且受到历史发展、传统文化、社会现实的影响和外部文明、外来文化的冲击，人们思想状况和价值观念本身的演化规律和变动状况比较复杂，既具有"惰性"和"抗力"，也容易"松懈"和"反复"。如果脱离人与社会一般的心理规律、价值规律和教育规律，搞运动式治理，行工程式"改造"，很容易变得"事倍功半""虎头蛇尾"甚至"前功尽弃""事与愿违"。实际上在经济领域"一抓就死、一放就乱"的治—乱循环是我国长期存在的宏观管理难题，这种运动式治理甚至发动群众自下而上的"折腾"式变革往往具有较大的副作用。周恩来同志1949年5月在中华全国青年第一次代表大会上作报告时指出：对于党的主张，受教育者"可以听，也可以不听；可以接受，也可以不接受，可以自由选择"，不能"人家不能接受硬叫人家接受，把帽子在人家头上一戴，像观音菩萨的紧箍咒一下子箍在孙悟空头上"。② 邓小平同志亦曾指出："历史经验证明，用大搞群众运动的办

① 参见习近平：《干部的基本功——密切联系人民群众》(1989年1月)，《摆脱贫困》，福建人民出版社，1992年7月版。

② 周恩来：《学习毛泽东》，《周恩来选集》上卷，人民出版社1980年版，第341页。

法，而不是用透彻说理、从容讨论的办法，去解决群众性的思想教育问题，而不是用扎扎实实、稳步前进的办法，去解决现行制度的改革和新制度的建立问题，从来都是不成功的。”①可以说中国特色社会主义建设是一个漫长的历史过程，只能采取细致深入、和风细雨、循序渐进、持之以恒的方式进行，只有这样成效才是牢固的、稳定的、不易动摇的。

但在基层实践中，由于存在急于求成的心理和在精神文明领域大干快上的错误政绩观，一些不符合价值观演化运行规律的行为也出现了。一些干部习惯于打“突击战”，热衷于“临时抱佛脚”“临阵磨枪”或不自觉地就大搞集中整治“一阵风”。例如在湖北某市调查中，一位当地的宣传干事小心翼翼地提出自己的建议，他说：“‘××楷模’评选活动能否从每月一次，变为一季度一次或年度评选，刚开始还能找到模范人物，但现在感觉不好找了，但为了完成任务还得找，质量明显下降。”为了发挥模范的典型示范作用，地方就用发现了、上报了多少典型人物，评上了什么级别的模范人物，涌现了多少桩被媒体登载的感人事迹作为考核和检查的标准，在工作上将精神文明工作简化为一种数量工程和量化评比，成为一种狭隘政绩观支撑下的“锦标赛”，不但起不到长期激励效果，有时还会带来负面效应。实际工作中，尤其要避免牺牲质量追求模范评比上报的数量。对典型人物的宣传搞级别上的比较，很容易造成全国奖高于地方奖，获大奖、头奖高于获提名奖的刻板印象，以当地涌现出典型人物的获奖级别和数量来印证培育和践行工作的成绩是本末倒置，需要在实践中进一步反思和规范。类似的还有单纯以招商引资的数量和企业名头为考核标准，只注重短期GDP的飞跃飘红，而不管当地的资源、人才承载力，只注重外在的道桥工程、高楼大厦等城市

① 邓小平：《党和国家领导制度的改革》（1980年8月18日在中共中央政治局扩大会议上的讲话）。

形象，而不管地下管网、污染治理、自然灾害这些潜在的长期的民生工程，只管扩大融资平台地方上大量举债开工，而不管资产负债配比失衡而导致潜在的危机，这些都需要通过完善可持续的发展机制和具有前瞻性的规划—实施机制来进一步妥善解决。

要形成一种长效机制，需要在实践中不断地积累经验和多做探索。对积极从事和参与社会主义建设事业的党员、干部，要有“功成不必在我”的思想境界，克服“牌子到手、创建到头”和“一劳永逸”的思想。单凭一时热情、几句口号、几张文稿是带不动、干不好工作的，也是十分有害的，需要全社会上上下下的共同努力和坚持不懈。要认识到在改革开放稳定的大局中推进中国特色社会主义是伟大的事业也是艰巨的事业，这个事业不可能一蹴而就、一抓就灵，不可能在一两年或一个任期、一个阶段内完成，还要认识到一个人或一件事在历史长河中就像天上的“流星”，但个人微不足道的力量逐渐累积，最终能汇聚成为巨大的历史洪流，推动历史的车轮滚滚向前(王相坤，2013)。坚持共产主义远大理想和中国特色社会主义的共同理想，靠的是“大公无私”“公而忘私”“功成不必在我”的意志和奉献精神，巩固和发展社会主义制度“需要几代人、十几代人，甚至几十代人坚持不懈地奋斗”。

具体到实践中，地方上要摒弃单纯依靠党委、政府甚或某个宣传部门推动的状况，逐步形成全党、全国、全员、全社会谋划和重视社会主义建设的生动局面，抓好落实落小落细工作的检查、督促和考评，最终形成党委领导、全党重视、全社会积极参与的领导体制和工作机制，尤其是着力实现重大政策理论从家喻户晓的“认知”到入脑入心的“同化”的转变。主管和从事建设工作的领导干部还要处理好显绩与潜绩的关系，把握好长远利益与眼前利益、社会利益与个人利益的辩证统一关系，克服工作中存在的急功近利倾向和拔苗助长做法，克服物质文化生产和精神文明建设中不切实际的“大跃进”思想。“人民对美好生活的向往，就是我们的奋斗目标”。实践工作中必须坚持以人为本，关注人民的利益诉求和价值愿望，以促进人的全面发展为目标，落实到经济社会发展和社会治理过程中，不断完善激励机制和反馈机制，逐步形成和扩展积极向上的良性循环，通过日积月累，持之以恒，构成人人奋发图强的社会效应和社会风气，彰显社会主流价值和精神关怀，形成浓厚的弘扬社会主义核心价值观的文化氛围，凝心聚力共建中国梦。

4.4　利用互联网大数据等科技手段提高政策信息的高效精准供给

2012 年 12 月习近平同志在参观考察知名网络公司腾讯时就指出："现在人类已经进入互联网时代这样一个历史阶段，这是一个世界潮流，而且这个互联网时代对人类的生活、生产、生产力的发展都具有很大的进步推动作用。" 2017 年 2 月召开的中央深改组会议也指出，要"进一步强化信息资源深度整合，进一步促进信息惠民，进一步发挥数据大国、大市场优势，促进信息资源规模化创新应用，着力推进重点领域公共信息资源开放，释放经济价值和社会效应。"①互联网全面融入日常的生产生活可以说是这个时代的最大变化和最显著特征。我国目前正处于网络空间高速发展后的平台期，从网民占全部人口的比例，高速网络和移动网络的普及率等指标上看已比肩全球的发达国家，成为全球网络空间的一股主要力量，网络和网络化已经事实上彻底改变了中国人的生产生活方式和中国与世界的联络与交往方式。中国的网民规模从

---

① 《2017 年首次中央深改组会议：九大领域将迎变革》，http：//www. rmlt. com. cn/2017/0208/458564. shtml，2017-02-08。

2015年的6.68亿增加到2016年6月的7.1亿人，网上支付用户规模达到4.6亿，使用在线教育人口超过1亿。预计到2020年固定宽带家庭普及率达到70%，移动宽带普及率达到85%，整体已超过世界平均水平，即将达到发达国家水平。当然，在信息时代和新媒体时代已经到来的时刻，多元、多样、多变的网络社会和社会稳定、有序、和谐的现实要求之间存在永恒的张力和冲突，互联网成为了影响社会稳定的"最大变量"。① 互联网社会因此面临着既要充分保障自由发展、开放共享，同时又落实责任、强化秩序的挑战。这一挑战要求在充满变化和不确定性的工作实践中，有充分的智慧和不懈的创新来应对。

一是网络空间结构的扁平化和开放性使得信息和观点不再被完全垄断。随着网络科技的发展和新型社交媒体的普及应用，尤其是移动互联网的全覆盖和深度渗入，已经完全改变了人们查询、获取、认知、利用、存储、散发、更新、处理信息的传统方式，能够为受众所接受的有效的学习、教育、宣传方式也因之具有了新的特点。知识的分享共享，观点的交流比较，学习的便利便捷已经成为一种常态，互联网就是"最大"的字典、"最大"的老师、"最大"的讲台、"最大"的课堂，自由作为一种行为权利和价值导向在互联网上得到了更为广泛的保护和张扬，普通民众的日常生活已经须臾离不开网络所承载着和传播着的那些信息和知识。因此利用互联网沟通官方与民间，通过网络媒体和平台发布政策信息和收集政策反馈，变得非常便利。当然与此同时，由于互联网的深度嵌入，网络社会的参与者也无法不受网络上各种观点所鼓吹或扬弃的那些价值观念的影响。这一现实状况使得任何试图隔绝和约束人与网络空间联系的努力和政策都会遭到较大的抵制和反对，任何试图阻碍限

① 人民日报评论部：《把握好互联网这个"最大变量"——创新我们的宣传思想工作之五》，《人民日报》2013年9月4日06版。

制人的主动性发挥和垄断信息发布权利的干预和管制措施都面临较大的抗力。显然，政府机关尤其是在涉及群众的政策宣传、培育和贯彻上都必须尊重和适应这一历史潮流和现实愿望。例如湖北省武汉市江汉区某街道，依托该区覆盖区属各委办局、街道、社区、学校、重点单位的全光纤城域网和移动互联网，充分利用城市网格化管理与服务系统功能，通过网络打造信息反馈平台，常态化地收集网络舆情和群众建议，设立“掌上书记信箱”受理居民投诉举报，解答居民提问，收集建言献策，并由专人负责将投诉件进行受理、分流、督办和反馈。设置“掌上投票厅”功能，对居民关注的惠民项目、居民自治等工作进行网络评议，居民可通过“笑脸”“哭脸”对工作绩效表达自身意愿。在社区干部换届期间，各位候选人通过手机 APP 网上亮相，接受居民的评议。通过开设“政务服务厅”，居民可通过手机在线咨询高龄补贴、就业失业证、医保、生育证、残疾证、住房保障等 8 类证件的办理问题，还可在线预约服务。互联网+变“8 小时政府”为“24 小时政府”，群众办事实现了“小事不出门，大事不出街道”的“五分钟”服务格局。①

二是由于网络具有的虚拟性和隐匿性，网络空间与现实社会存在一种自然而然的差异。网络具有观点匿名性、信息海量性、表达自由性、监管成本高的特征。如果一个网络论坛、社区、平台或媒体过于强调监管和纪律，存在强有力的突出的“无形之手”，网民通常会自动选择“用脚投票”，不再光顾涉足那个网络空间，而人气比较旺盛的网络空间，通常各色人等、各种观点都比较活跃，当然其中也就不缺个性化的观点，也自然不乏偏激、极端、奇葩的表达方式和表达内容。事实上，在网络空间中，极端表达与现实世界因政治因素形成的被动认同也存在明

---

① 来源：中共江汉区委政研室、江汉区人民政府研究室编：《2015 年度江汉区领导干部调研论文集》，内部材料，第 242-244 页。

显反差。①由于网络空间中的网络文化是对现实世界主流价值观的一个立体投射和综合反映，对现实的批判和不满往往通过自由诉求的“本真”和“夸大”形成一种网络民意，这都必然导致网络上流行的价值观念和期望的主导价值观存在一定差异，也必然影响群众对政策理论的认同与拥护。总体上看，网络科技为人们简化了治理难度，方便了居民生产生活，优化了微观治理方式，提升了现代化治理能力，但某种程度上又加剧了治理的复杂性和矛盾的随机性、传染性。

三是网络社会的法治建设任重道远。由于网络空间具有无边界、随机性、涌现性、复杂性、参与者众多、互动转发频繁、责任不易追溯等特点，我国网络空间中出现了大量的法治“模糊地带”甚至“空白地带”，网络安全态势较现实社会更为严峻，加强对正规网站和常用平台工具的保护已刻不容缓，改善政府和社会对网络文化的规范和引导成为当务之急。由于网络覆盖范围大，具有“一呼百应”的传播特性，一些道德观扭曲、道德行为败坏、内容低俗的新闻或观点，借助网络的“放大”和“加速”，严重影响到基层群众对真实社会风气的认知，降低了网民对核心价值观所倡导的良好国家形态和社会状态的信心，甚至损害了公众对官方政策信息的正确理解，这些行为如不加以制止和约束，就会使得中国也如许多发展中国家那样，共同价值观因外来文化的冲击而呈现混乱、无序和迷失的特点，使得树立主流价值观和形成制度自信的过程面临许多挑战。在实践中，老百姓最为关注政府机构官方网站的信息发布，通常十分认可其权威性和合法性。然而正因如此，为了规范政务信息发布，切实保障公众知情权、参与权、监督权，保障正确舆论导向，就特别需要明确发布审核权限，严格落实风险评估，对涉及公众切身利

---

① 陶蕴芳：《学术话语权视域下我国政治认同与道路自信研究——兼论中国学术话语体系的构建》，《社会主义研究》2016年第1期，第49-54页。

益或广泛关注的重大信息，如重大项目建设、征收拆迁、生态环境公示、民生保障改革、房地产市场监管等内容，要事先进行社会稳定风险评估，同时注重提升政务信息发布者的政策把握能力、舆情研判能力，解疑释惑能力和回应引导能力。

另据国家互联网应急中心监测发现，2015 年网页仿冒、拒绝服务攻击等威胁仍然呈现增长趋势，针对中国网站的仿冒页面(URL 链接)较 2014 年增长 85.7%。网站后门网页篡改等攻击事件层出不穷，党政机关、科研机构、重要行业单位网站依然是黑客组织攻击的重点目标。2016 年 6 月发布的《中国网民权益保护调查报告》显示，网民因信息泄露、诈骗等造成的经济损失估算达 915 亿元。除了敌对势力的蓄意破坏之外，网络上不时出现的恶毒、丑陋、淫秽、极端的语言文字和图片视频，非法侵犯个人隐私、挑动教唆族群对立的网络暴力，人肉搜索、群起而攻之、众口铄金的心理恐怖效应等都严重地影响了社会稳定，破坏了人与人之间、人与社会之间、网民与网民之间、网民与政府、官员之间的文明友善、和谐共处。网上社区、群媒体和网络圈层是广大网民精神活动的主要区域，在这个虚拟社会中仅仅依靠道德的动员和约束显然是远远不够的，必须由政府和社会组织依法加强对网络的监督和管理，坚决维护网络公共安全，使建构自由平等、公平正义、全面发展的法治化网络空间成为一种社会共识。

互联网本身是一种“合”的力量，互联网拉近官与民的联系，政府的网络化已成为建立透明政府、责任政府和智慧政府的主要推手。由于网络传播信息速度很快，舆情民意传导到决策部门、行政部门的速度也可以很快，因此积极响应民众的诉求也可以比较及时，收集社情民意，归纳民意民声的最大公约数也变得比较方便，行政成本也相对较低。课题组开展的一项基于民众核心价值观认同的跟踪调查显示，通过“影视媒体、互联网络、短信微博”这些新媒体工具或手段了解核心价值观的比例对所有身份背景群众而言都是增长的，2016 年选择该渠道的总比例达到 38.4%，已超过“书刊杂志、教材、报纸、宣传手册”这样的传统媒体的选择比例为 31.3%。随着时代和科技的发展，随着智能手机和网络的普及，民众获取、阅读和分享信息的习惯已发生了根本的改变，推进核心价值观的社会认同的方式也必须随之改变。习近平同志曾说，“网民来自老百姓，老百姓上了网，民意也就上了网”。政府官员如果刻意回避网络舆论或忽视网络民意，出现“本领恐慌”，罹患“网络自闭症”，其实就是在回避老百姓的现实关切。群众尤其是中青年群体日常生活很多时间都在网上度过，政府公务人员如果工作中“轻网、厌网、怕网”，不善于看网、知网、用网、治网，如何能以人民为中心，如何能贴近群众了解民意，如何能获取话语权去引导和巩固良好的价值观念？如果做不到做不好，就容易丢了意识形态的阵地，也丢了群众基础。习近平同志在重要场合就多次生动地使用过网络用语，他在 2015 年新年贺词中曾使用热词“点赞”“蛮拼的”，在 2016 年新年贺词中提到“让我们的‘朋友圈’越来越大”，都令国人倍感亲切。由上述可见，中央要求党政机关和领导干部们“经常上网看看，了解群众所思所愿，收集好想法好建议，积极回应网民关切、解疑释惑”①是非常及时，也是非常必要的。通过不断提高四种能力，“让互联网成为了解群众、贴近群众、为群众排忧解难的新途径，成为发扬人民民主、接受人民监督的新渠道”，② 体现了与时俱进、勇于创新、以人民为中心的网络治理思想。

互联网使得民众能够自由上网获取有价值信息，充分行使社会监

---

① 人民日报评论部：《领导干部要学会通过网络走群众路线——二论学习习近平在网络安全和信息化工作座谈会重要讲话》，《人民日报》2016 年 04 月 22 日第 01 版。

② 新华社：《习近平：让互联网更好造福国家和人民》，系习近平同志 2016 年 4 月 19 日在京主持召开网络安全和信息化工作座谈会上的讲话。

督、舆论监督的权利也不断得到完善，使得政府和社会监督、惩治违反价值观行为的成本大大下降。例如全社会诚信体系的建设，需要大数据联网和各部门共享，一旦建成之后就能发挥“一处失信，处处受限”的惩处功能。文明和谐城市社区的建设，通常需要在公共场所和街道建设监控安防物联网，有的还要建立大型的应急管理系统，网络科技和公众的广泛参与使得监督成本、治理成本逐渐降低。例如湖北武汉的百步亭社区，治理信息中心在公安网、政务院、通信网、视频网等支持下，结合指挥调度平台、多元共治平台以及指挥员、网格员、情报员搭建的互联网警务系统“阳光微警务”，使得该社区形成了信息资源整合、平台整合、人员整合的警务多元共治平台，为管控特殊人群，解决社区居民日常的工作中的困难提供了强大帮助。① 再如对公车的精细管理本来是个难题，但安徽省、陕西省等采用“互联网+公车改革”模式，纪检监察部门和审计部门可通过互联网平台全口径实时监管公车流动和去向，让公车行驶在阳光下。② 在全面深化改革和全面从严治党方面，大数据技术也大有用武之地，例如湖北武汉市提出要建立对部门和干部的评议机制，创新“互联网+评议”模式，实施全民大数据评议工程，邀请“两代表一委员”、企业家、行业行风监督员、基层群众和服务对象，对拥有审批权、执法权的机关部门的处室和基层站所进行评议。③ 当前利用网络科技和大数据技术系统分析关键岗位公职人员和其家庭成员的房产信息、资产变动、出入境频率、大额消费记录等，科学研判巡视巡查对

---

① 邢亚男：《万勇调研百步亭派出所：多元共治牢筑百姓安全网》，http：//hb. cncn. org. cn/wuhan/baibuting/news/14786745285183008663. html，2016 年 11 月 9 日。

② 赵展慧，陈亚楠，史自强：《中央车改办发布地方车改进展》，《人民日报》2016 年 10 月 17 日 04 版。

③ 郑汝可：《组合拳整治“新衙门作风”为赶超发展提供强有力保障》，《长江日报》2017 年 2 月 4 日第 1 版。

象，对强化党内监督和在反腐败斗争中构建“不敢腐”“不能腐”的制度氛围具有重大意义，也为树立清正廉洁的政府作风提供了技术支撑和崭新思路。“以秩序保障自由”的理念在“互联网+金融”的实践中表现得尤为明显，手机银行、网上支付、微信支付、便捷支付等使民众货币结算交往获得极大方便和自由，但随之而来的网络诈骗也触目惊心，一不留神就会“中招”，颇有“防不胜防”之感，这让一部民众尤其是中老年人和低收入者已经害怕甚至抗拒接触互联网以寻求自身安全。因此通过法治建设维护网络安全，以制度体系规范网络发展，实际上是从根本上保障了全民共享共建互联网。正如秩序井然的马路可以更快地通过更多车辆，文明、理性、规范的网络空间更加有利于信息的自由流通和知识的普遍分享。

当然，由于群体或个体在信息利用处理上的不对称、不均衡，对互联网络的利用上也会出现新的不平等，这需要逐步化解和克服。在信息化数字化时代，大量公共服务和社会服务通过网络进行，老年人和许多欠发达地区人口由于网络环境或设备操作使用上的困难，而难以获得和享用服务信息，出现了信息获得和使用上的“新贫困”和“新弱势群体”。例如 2016 年 6 月我国互联网普及率中，城镇为 67.2%，而农村只有 31.7%，只有不到前者的一半，如果再考虑到农村留守儿童、老人和妇女还有很多不懂电脑或上网的情况，这就更容易导致城乡间的“信息鸿沟”。另外由于存在信息聚合度、利用度的严重不均衡，网络空间中的歧视和凌霸现象仍然大量存在。因此如何让所有老百姓，尤其是让暂时不具备上网条件或上网能力的群众，也能用得上、用得起、用得好网络信息服务，让更多人更为公平地享受到技术革新带来的方便，建设普惠型的网络服务体系和援助体系，还需要有更为有效的办法和措施。

总之，互联网的发展尤其需要以群众关心的现实问题为工作导向。一是要正确理解建好网络“依靠谁、为了谁”的问题。例如依托互联网平台，聚焦老百姓关切的重点领域、突出问题，构建网上“监督—发现—反馈—处理—评价”系统，完善动态管理机制，鼓励各阶层民众参与互联网建设和互动，推动社会建设常态化和社区治理精细化，用网络聚合民意、团结人心，就能形成社会主义建设的强大合力。二是针对网络空间、虚拟世界的道德文明建设问题，社会上尤其是学生家长意见最为集中，怨气也比较大，普遍希望有“清朗”的网络空间和健康的网络生态，使得青少年能在互联网时代健康成长，也使得7亿多网民能在这个精神家园里和谐相处。然而一些网媒出于赢取点击率和覆盖率的商业目标，默许甚至纵容庸俗文化和网络暴力，有的甚至主动传播不实信息，有意识地夸张渲染负面报道，侵犯他人隐私，传播错误或腐朽价值观，为了追求眼球效应，对极端特例和犯罪事实等负面情况过度报道、集中编排、大肆渲染等现象较为常见，触发和加速了集体焦虑、风气恶化的“蝴蝶效应”。一些地方层出不穷的网络诈骗和网络支付漏洞造成的不安全感也是群众意见比较集中的社会矛盾之一。对此，习近平同志指出“要依法加强网络社会管理，加强网络新技术新应用的管理，确保互联网可管可控”，又提出网络空间不是“法外之地”，既要提倡自由，也要保持秩序。这些新要求的提出让人们对网络文化走向文明友善、网络社会变得和谐可亲、网络行为符合法治和体现诚信都充满了希望，对将中国早日建成互联网时代的文化强国充满了期待，也让各个阶层的万千网民真正实现了话语权的公平和平等使用互联网的契机，因此获得了网民和非网民的普遍拥护和支持。

第5章　各政策板块调研结果和对策建议

在本次调查中，课题组成员采取集中和分散两种方式，通过问卷调查、实地访谈等多种方式综合考察了湖北省居民基层群众政策理论需求现状。在本次调研的过程中，除了了解基层群众政策理论需求的总体分布状况，评估政策理论宣传的渠道和绩效，团队成员还根据分工，结合在湖北省T市的实地调查，对各政策板块进行重点调查。本节将本次调查涉及的政策分为八个板块——土地住房、居民就业、经济发展和收入分配、社会保障、基层政治、子女教育、基层文化(社会主义核心价值观培育)、生育政策。下面对涉及制度供需状况的问题进行简要阐述，并提出相应的政策建议。

5.1　土地政策篇

我国正处于城镇化深入发展的关键时期，必须深刻认识城镇化对经济社会发展的重大意义，牢牢把握城镇化蕴含的巨大机遇，准确研究判断城镇化发展的新趋势新特点，妥善应对城镇化面临的风险挑战。土地问题及与之相关的土地政策体系是顺利推进新型城镇化的关键环节，也是基层社区尤其是农村和城乡结合部社区中比较突出的问题，因此充分了解群众对土地政策尤其是土地使用、土地征收征用、土地交易流转方面政策的实施反馈，跟踪社会各层面对涉及土地、房产等重要家庭资产相关政策的需求变动情况，有利于抓住群众关心的重大问题的牛鼻子，有利于破解城乡二元格局，实现城乡统筹发展、共享发展和一体发展。

5.1.1　土地政策基层群众需求状况

近年来由于城镇化、工业化进程的不断加快以及地方自身经济发展规划的需要，大量农村的集体土地和宅基地被征用，农民在失去土地的同时，身份也随之转变为市民，开始享受城镇居民的各种基本福利和公共产品。湖北省作为中部崛起和长江经济带的重要省份，稳妥完成城镇化的任务相当重要。根据我国指导城镇化建设的《国家新型城镇化规划（2014—2020 年）》预测，2020 年户籍人口城镇化率将达到 45% 左右，年均提高户籍总人口约 1.3 个百分点。对于湖北这样的人口大省（户籍人口约 5799 万人），每年需转户人数约 75 万人，此外还有大量农民工和其他常住人口需要在城镇定居落户。

据专家预测："到 2020 年我国失地农民总数将超过 1 亿，其中将有 5000 万以上的农民处于既失业又失地的状态"①，这必然给社会带来较为严重的转型压力。为此，基于受访地区农村集体土地被征收，农耕地不断减少的状况，合理安排农村转移人口和外来人口的住房问题，妥善解决失地农民的基本住房和保障问题，是基层群众尤其是城郊结合地带居民普遍关注的重大问题。针对土地住房政策需求的调查情况如表 5-1 所示：

---

① 陈占锋：《我国城镇化进程中失地农民生活满意度研究》，《国家行政学院学报》，2013 年 01 期。

表 5-1 土地政策了解情况与受访者户口状况交叉分析表

			户口		合计
			农村	城镇	
土地	完全不了解	土地中的%	47.8%	52.2%	100.0%
		户口中的%	14.1%	12.2%	13.1%
	不太了解	土地中的%	47.1%	52.9%	100.0%
		户口中的%	40.5%	36.1%	38.0%
	一般了解	土地中的%	41.8%	58.2%	100.0%
		户口中的%	27.9%	30.9%	29.6%
	比较了解	土地中的%	42.5%	57.5%	100.0%
		户口中的%	14.9%	16.0%	15.5%
	很了解	土地中的%	30.3%	69.7%	100.0%
		户口中的%	2.6%	4.8%	3.8%
合计		土地中的%	44.3%	55.7%	100.0%
		户口中的%	100.0%	100.0%	100.0%

就总体状况看，基层群众对土地政策的了解情况大致处于“不太了解”和“一般了解”状态，且农村人口与城镇人口就土地政策方面的了解情况差距不大，都普遍偏低，这与调研之前的研究假设有所差距。这说明我国基层群众对土地住房类政策的实际了解程度和预期相比还存在一定差距，基层群众在了解土地政策方面有明显需求。而且如前文第3章所述，群众对土地住房政策的总体认知均值为2.59，而且认知程度的标准差与方差均大于1，可以看出基层群众对土地住房政策具体内容的知晓程度并不高，且在认知程度存在较大差异。这反映出土地问题涉及的环节多、对象多、流程长，实施中面临的复杂情况往往造成依法办事和“合情合理”之间存在诸多“两难”问题，要把握好改革发展稳定的关系，对基层干部和职能部门来说需要较高的治理智慧和管理能力。

5.1.2　失地农民面临的“三难”困境

(1)再就业难。

根据调研情况来看：首先，湖北 T 市工业园所属的三个社区都属于转型社区，目前已就业人口中的年轻人大多外出打工或从事个体经营来谋求生路，也有一部分人在政府的帮扶下，就近进入村办企业工作，但政府提供的再就业岗位机率比例较小。对于年纪大又没有达到养老补助条件的人来说，找到一份能让自己满意的工作相当困难，以致这部分人待业在家的情况比较多，平时仅仅依靠打零工来赚取生活费；其次，这些转型社区的失地农民受自身文化程度和年龄的影响，几乎不是外来打工者的竞争对手，从事的大多数是劳动技能要求较低的工作；最后，对相当部分的中年失地农民进行再就业技能培训已经很困难，实际效果差强人意。

(2)生活保障难。

T 市工业园转型社区的失地农民中，过去大部分老年人靠种几亩地来解决生活问题，目前绝大部分耕地已被征用，只能靠有限的土地补偿费来维持生活，失去土地后不仅老人的赡养问题难解决，而且失去了最基本的收入来源，生活保障随之出现危机。因此，年老的失地农民最盼望的就是政府落实基本养老、医疗和生活保障，以解决生活后顾之忧。本来随着“村改居”的进程，为失地农民办理养老、医疗等保险是一项前置工作，但由于经费不足、经费被截留、挪用等原因，还或多或少地存在基本社会保障和基本公共服务没有全覆盖的问题，这是当前转型社区居民最为关心的问题之一。

(3)心理上适应难。

我国大多数农民安土重迁思想浓厚，对于农民家庭来讲，没了土地就是失去了家庭院落。湖北省T市国家级工业园区作为转型社区试点，辖区内失地农民虽由农业户口转变为城镇户口，但由于土地的失去、生活方式的改变、现代城市文明的冲击以及自身素质限制，在城镇化过程中其心理存在着明显的不适应，这也是失地农民在土地征收之后出现的一个明显现象。例如一些受访者在搬进新建小区后，还在小区内外见缝插针地找地方种菜种粮或饲养小型牲畜，对该市的文明创建产生了较大影响，和其他城镇居民也产生了矛盾。

5.1.3 土地政策实施中存在的突出问题及成因

土地政策包含的内容较多，其中将土地视为一种物权并予以依法登记、保护和交易是当前的一项重大改革举措，也是保护农民利益和保障农村发展的关键举措。受到篇幅限制，本调查主要对群众反映比较强烈的土地征用补偿问题进行阐述。土地征用的实质是土地产权及其收益的重新配置，这意味着“集体土地公共利益”分配必须遵循公平、公开、合理、正当的原则。但是在实际的征地补偿方面，由于涉及到多方利益的博弈，仍然存在着各式各样的问题，现以该工业园转型社区为例作简要陈述：

(1)征地补偿价格与市场价格落差大，土地征收补偿费用过低难以达到失地农民预期。

以T市官沟社区为例，该社区由于原属于城乡结合部，地方基层政府部门因招商引资将部分土地廉价出租，并在征地拆迁上一直没有公布明确的补偿标准，不少失地农民反映土地被征收或征用上去之后却得不到应有的补偿，由于土地征收补偿费用标准过低，远远达不到征收户和拆迁户的心理预期，干群关系、企业和当地居民的关系都比较紧张。但地方政府表示补偿已按照国家规定下发到村集体，村集体则表示为了解决搬迁、就业和交通问题，为必需的公共事业已支出和预留了一部分资金，难以足额全部发放到村民手中。类似这样的问题在其他几个社区中也部分存在，村集体承担了本应由地方政府负担的一些公共事务(如水电路改造、乡村公路拓宽硬化、农田水利设施整修等)，由于县乡一级财政困难，且村里也难以直接向村民收费，则采取从土地留存基金中截留的办法，但在具体操作中，可能由于民主协商程序和财务不够透明等原因导致群众意见较大。

(2)补偿条例不透明，收益分配不合理。

以 T 市某城乡结合部社区来说，该地虽有比较明确的拆迁补偿方案(按照建筑面积拆一还一，再加上住户的现金补偿)，但仍存在补偿不公平问题，甚至出现因“裙带关系”而产生利益纠纷，比如黑恶势力渗透到征地补偿发放过程中，导致部分农户的实际补偿发放金额与事先核定的金额相脱节。由于城乡规划信息、土地市场价格信息和土地补偿信息公开不足，农民往往直接和临近地块的市场成交价格甚至房产价格进行比较，这往往进一步加剧了双方的信息不对称，使得征地补偿问题成为了农村和城乡结合部基层矛盾的主要方面。

(3)公权力滥用，侵犯失地农民正当利益。

个别社区存在基层公权力滥用问题，比如，征地征收过程中曾承诺一定的补偿金额，但在补偿方式等细致问题上存在漏洞，最后在发放补偿金额中存在着拖欠现象，补偿金额迟迟不能到位。一些集体组织以建设公共基础设施为由随意挪用征地补偿金，使失地农民对基层组织处理一些公共利益的方式不甚满意，也呼唤更加清晰、更加透明、更加具有操作性的实施方案出台，减少个别基层干部对政策的随意解读和阐释。

(4)农村土地市场有待激活。

当前土地承包权和宅基地使用权的转让往往对农民有较多限制，比如通常只能在村集体内部流转，不能脱离农业种植用途和自住用途等。这对于城乡结合部的农民而言，有时候会造成土地撂荒或疏于管理，阻碍农民充分利用自有资源进一步增收。为此，近年来政府加快了土地“三权分置”改革的试点，意图加快推进农村土地确权登记颁证工作，鼓励地方建立健全农村产权流转市场体系，探索农户对土地承包权、宅基地使用权、集体收益分配权的自愿有偿退出机制，支持引导其依法自愿有偿转让上述权益，提高资源利用效率，防止闲置和浪费。从试点情况看，在集体经济比较发达的地区(如开展过大规模的土地集中整治兴办集约化农场和农产品加工企业)，村民普遍对此项改革比较欢迎。

【案例分析】

湖北襄阳的宜城市位于湖北省西北部，地处汉江中游，1994 年撤县设市，现辖 10 个镇(办事处)、1 个省级经济开发区、1 个市级精细化工园区，227 个村(社区)，面积约 2115 平方公里，总人口约 58 万，其中农村人口约 38 万。该市是国家确定的湖北省唯一的农村宅基地制度改革试点区域。全市农村宅基地总户数为 10.66 万户，11.24 万宗宅基地，其中一户一宅 9.27 万户，占总数的 86.96%，另还存在“一户多宅”和“有户无宅”的情况，存在私下交易、违法建房和擅自改变宅基地用途等问题。课题组成员在 2015 年 11 月下旬赴该市调研时了解到，宜城市面对改革的难点和重点，大胆创新，做了许多科学有效的探索。一是科学确定农村宅基地面积标准，区分城市规划区内外差异，确保农民宅基地权益平等，满足农民生产生活需要。二是妥善处理历史遗留问题。按照“尊重历史、正视现实、划分时段、多予少取、区别对待、尊重多数意愿”的原则，将合法和与不合法的都记载清楚，合法的予以保护，不合法的在登记时予以权利限制，确保为所有权利人提供公平证据。三是合理建立有偿使用、自愿有偿退出机制。宅基地有偿使用的收费标准，在宜城市农村基准地价基础上，按照 30%上下浮动和最大 2 倍的调节方法，由村民大会讨论决定。四是探索了农村宅基地监管办法。对宅基地的取得、建设、发证、转让、抵押和监管等环节做了具体规定。建立农村宅基地执法监管立体网络体系，在基层组织成立综合执法队伍，加强违法建设监督和管理。五是充分发挥村民自治作用。试点地区在实践中认为改革中遇到问题的最好解决办法是——“问计于民，还权于民”，交给村里通过村民自治和民主管理来解决。通过在各村成立村务监督委员会，明确村务监督委员会在宅基地管理中的权利和责任，调动群众参与改革的积极性和主动性。当然在推进改革中，还存在有偿使用费收取难、自愿有偿退出难、村民自治实行难、执法监管执行难、部门协调机制有待完善等问题。

综上所述，由于各地区情况差异较大，为了深入推进农村土地征收、集体经营性建设用地入市、农村宅基地依法合理流转，稳步开展农村承包土地的经营权和农民住房财产权抵押质押贷款试点，需要有关部门和研究者深入基层进行跟踪调查，切实获得试点区域农民和村集体组织的真实反馈，通过优化政策实施细则，既调动群众积极性，激活存量资源，实现地尽其利，又保障农村生活和农业生产的稳定，避免出现新的更为严重的贫富不均和导致征地过程交易成本上升。在统筹推进改革的过程中，充分调动群众参与改革、融入改革的积极性和主动性，落实协商民主制度和村民自治的合法权利，尊重群众首创精神和民间治理智慧，不但有助于矛盾问题的及时解决，也对探索更好更完善的土地管理制度体系具有重大意义。

5.1.4　依据群众需求完善征地补偿政策的建议

征地补偿制度是为了协调国家、集体、个人三者之间在土地所有权和土地使用权上的矛盾。在现实生活中，征地是必须要推进的，农民也能理解并支持，其过程和结果并不是主要矛盾所在。目前最为关键的是，在涉及土地征收补偿的工作中，国家如何依法保护附着于公有制土地上的公民的合法私有财产权利，也就是说如何合理合法补偿被征收人的私有财产，在现实生活中，土地征收中的纠纷与矛盾基本上都是源于补偿不足或不到位。因此，有一套健全的征地补偿制度和切实可行的实施方案是解决好此类问题的重中之重，征地补偿方面，制度供给的最终目标是建立一套公正管用的征地补偿制度，能协调征地过程中政府、企业、集体、农民四大主体之间的关系，在适应经济建设发展需要的同时，兼顾公平和谐和社会总体福利，使得被征地农民也能分享城镇化的好处和收益。为此，我们建议：

(1)确保“集体土地公共利益”导向，严格界定征地范围。

为了实现集体土地被征用之后效益最大化，应完善被征用土地的调查公告程序，即对拟被征用土地进行调查，调查内容涵盖某一块土地能否被征收、征收此块土地能否获得既定公共利益目标、征收此块土地的必要合理性是否具备、拟征地的位置，以此来严格界定征地范围，保证征地的合规合法性。加强基层政府部门和村干部的法治意识和法律培训，切实依法办事，依法行政，面对矛盾和纠纷应以法律为准绳，以公平正义为价值标准，切实保护农民合法权利和利益，做到办事公心多一点、私利少一点，这样法治精神才能得到弘扬，农民依法维权的比例就会越来越多，暴力拆迁和以暴制暴的“囚徒困境”就会越来越少。

(2)采取完全补偿原则，考虑非生产性收益和残地、干扰迁移等。

依据市场价格、遵循“最优利用原则”，采取多元化的补偿方法，让失业农民分享土地增值收益。比如，在具体措施上可做出一系列的创新：对有稳定收入的项目，农民可以土地使用权入股来享受收益分红。此举将土地资本化后的升值收益考虑在内，可最大程度避免偏差，有利于农民真正参与到土地增值收益分配体系，有利于公平调整利益分配格局；对具有商业目的的征地项目，可建议用地单位根据市场价格按一定比例直接补偿失地农民或者根据土地的市场价格把一部分商业项目无偿或低价转让给失地农民。

(3)完善征用补偿机制，平等协商、阳光操作。

首先改变过去一次性补偿办法，可根据不同的年龄区间采取不同发放方法：对老年人以养老金的形式按月发放，保障老年人的长期生活；对中青年失地农民以生产创业基金的形式发放，促进青壮年的就业和自主创业；对青少年以教育基金的形式按学期发放，提高青少年的教育质量。其次，适当提高土地征收补偿标准。补偿标准应与土地的市场价格相挂钩，根据不同时段的土地市场价格，由国务院或各地政府相关部门制定和实施动态的土地征收补偿标准。最后，特别是在征地补偿金的制定和发放上，一定要保证失地农民的参与。在征地补偿金的发放上，应专人负责，保障专款专用，还应有失地农民派代表参与发放全过程，加强监督。

(4)赋予农民国民待遇，完善社会保障体系。

第一，完善失地农民最低生活保障体系。首先，界定标准，把符合标准的失地农民纳入城市最低生活保障体系享受相关待遇，应包括年龄较大、无劳动能力或无固定收入和生活来源的老年人、未成年人或残疾人。其次，补助标准的制定应考虑失地农民的自身特点并结合当地最低生活保障补助标准，可根据地区不同而有差别。这部分资金补助可由各级政府、村委会和用地单位三方共同承担。第二，完善失地农民医疗保障体系，灵活设计符合失地农民特点的新型医疗保障体系：对于失地后再就业、具备缴纳城镇职工基本医疗保险条件的失地农民，可令其参加城镇职工基本医疗保险，按标准缴纳保费并享受相关待遇；对于失地后没有能力再就业或生活困难的失地农民，可向其提供免费基本医疗保险，各级政府和部门对其医疗给予一定的经济补助；可建立失地农民医疗补助基金，这部分资金可由用地单位和部门从土地增值收益中提供；还可把全部失地农民纳入大病医疗保险，大病医疗保险费用由各级政府部门、用地单位和个人共同缴纳。

(5)建立健全听证制度，保证农民能够直接平等对话。

农民作为土地交易和征收征用的一方当事人，从用地单位的申请用地，到政府相关部门的审批，再到征地补偿资金的商定和发放，都需要有农民(或其代理人)的有效参与。吸收被征地农民的代表在听证会这个平台上与用地单位及政府决策机关平等对话，让失地农民的代表可以在涉及自身重大利益问题时参与政策论证、方案制定、意见收集等工作，以此保障失地农民的知情权。显然，这种公正平等的治理方式不仅不会阻碍地方经济的总体发展，反而会因群众合法利益得到了保障而维持地方政治、经济的稳定可持续发展。

5.2 基层文化建设篇

实现全面建成小康社会目标，既要努力满足人民物质需求，也要努力满足人民精神文化需求。在抓好物质文明建设的同时，大力加强精神文明建设。一个国家国民素质和社会文明程度，与文化密不可分。当前基层文化建设的重要目标就是要使中国梦和社会主义核心价值观更加深入人心，更好发挥文化引领风尚、教育人民、服务社会、推动发展的作用。党的十八大以来，习近平总书记就社会主义核心价值观多次作出重要论述、提出明确要求，这为开展精神文化领域的理论与应用研究提供了重要依据。

在经济社会转型期，基层民众遭遇现代文明和多元文化，各种思潮和价值观互相碰撞，在此背景下，为了进一步引导基层社区和民众在思想文化上达成普遍共识，全面养成科学、正确、牢固的核心价值观，亟待对基层思想文化现状和文化需求进行调查。我省地处中国中部，伴随工业化和城镇化的不断推进，农村人口比例明显下降，农村居民的生产生活方式和社会治理形式发生了较大改变，同时伴随全面开放和外来人口的快速增加，城镇人口也感受到现代文明和人口变迁带来的压力和烦恼。为此，在本次调查中，课题组以湖北居民为主要对象，延续 2014 年进行的社会主义核心价值观认知认同调查。通过滚动调查了解基层文化的新特点和群众对社会主义文化建设的新需求，比较和探索了经济社会转型期大众价值观的演化规律，并为优化培育践行工作提出了政策建议。

5.2.1　调查主要发现

(1)通过连续的调查，2015 年基层群众社会主义核心价值观总体认知度量化值从 67.75(均为百分制，下同)上升到 77.5。2015 年的认同度量化值从去年的 37.9，同比上升 31%达到 49.6(见图 5-1)。这反映出受访区域经历持续不懈的培育和践行工作后，广大民众对社会主义核心价值观的了解与认知持续上升，更为可喜的是认同并主动践行的人员比例也大幅提升，证明培育和践行社会主义核心价值观工作强基固本、方向对路、目标明确、上下协力，总体成绩显著。

调查中可发现：尽管 2015 年社会主义核心价值观的知行差距比 2014 年缩短了约 2 个百分点，但大众的“知”和“行”之间仍存在较为明显的差距，证明价值观的内化与践行过程仍任重而道远，需常抓不懈、久久为功；

(2)各阶层民众在核心价值观认同方面还存在一定差异。如农村居民认知认同现状和增速仍旧低于城市居民大约 10 百分点(见图 5-2)，基本规律是城镇化程度越高认知程度越高。

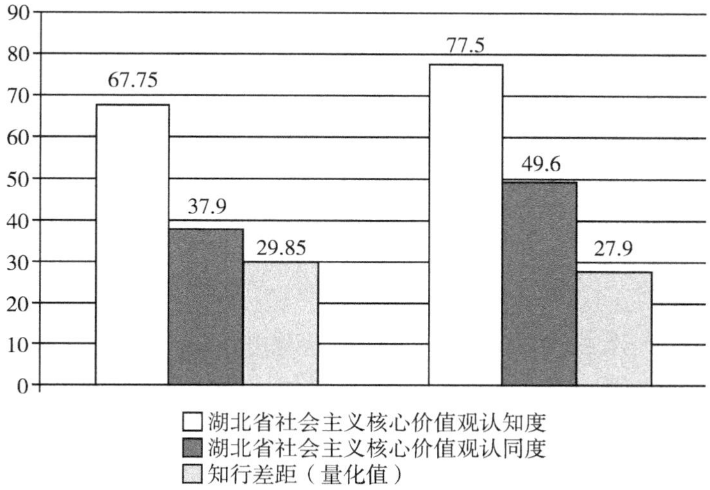

图 5-1 湖北省社会主义核心价值观认知认同状况滚动调查结果

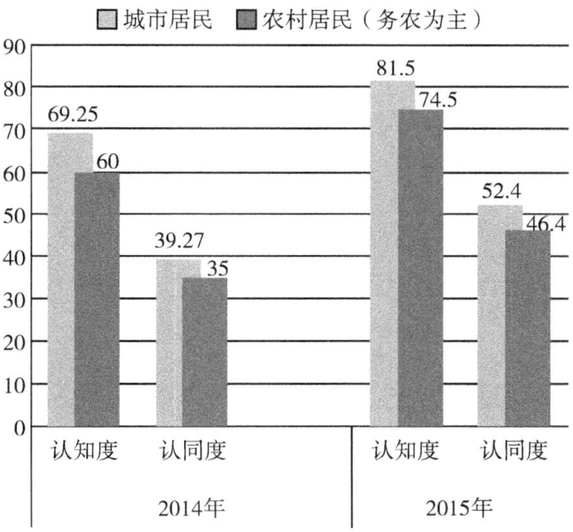

图 5-2 湖北省城市居民与农村居民社会主义核心价值观认知认同程度比较表

(3)研究表明认同度受到多方面因素影响，其中城镇化进度、宣传力度和居民政治面貌、受教育年限、年龄的影响较为显著。在认同度方面，城市高于农村和转型社区居民；党员高于普通群众；共青团员略低于一般群众；体制内居民远高于体制外居民；男性略高于女性；青少年和中老年群体高于 36~55 岁的青壮年，80 后居民最低；25 岁以下青少年了解程度最高。受教育水平越高相应认同度也越高。

(4)三个层面的价值观互相衔接和嵌入问题值得进一步探索和加强。如何由公民个人层面向国家和社会层面延伸仍旧有待探索，将大方向和总目标与公民个人成长关联起来需要更多实施途径。"爱国"和其他倡导要素的逻辑自洽，国家"富强"和居民"共同富裕"的内在统一性均需要进一步阐述。

(5)"自由、民主、平等"三个方面，基层实施中由于担心与西方意识形态混淆，在行动方案和具体工作中往往回避或弱化。

(6)在实践养成方面，家庭层面的倡导要求和衔接作用不突出；在认同宣传方面，基层宣传渠道和形式仍比较单一，内容宣教容易两极化(学术化或简单化、碎片化)，宣传力度可持续性不足。理论倡导与社会现状的某些反差易于引发认同障碍。

5.2.2　农村文化建设相对薄弱的主要原因

《人民日报》曾经刊文指出，文化下乡是件利民惠民的好事，但在真正落实时，一些地方的效果却不太好。演员累得够呛，群众还不爱看，把文艺演出变成了"文化盆景"。浪费公共文化服务资源不说，也容易让群众产生"完成任务走过场"的误解。① 实际上，农村文化建设

① 韩丙锐：《文化下乡要对接群众》，《人民日报》2014 年 11 月 30 日 01 版。

滞后的原因是多方面的，除了自上而下的文化下乡往往是蜻蜓点水沉不下去以外，主要原因是快速城镇化导致的大量农村精英进城，以及优秀传统文化和乡贤文化由于现代文化和城市文化的冲击而在农村逐步瓦解并失去凝聚力，因此在新的历史时期，农村特别需要重建和巩固向上向善的文化价值体系，既接受包容时尚文化和外来文化，又留得住乡愁乡情，传承和弘扬优秀传统文化和民俗。

就价值观建设而言，调查显示农村居民对社会主义核心价值观认知认同度相对较低的主要成因是：经济发展水平不高；社会保障体系存在城乡差异；法治工作和法治精神有待进一步强化；意识形态领域的落地工程相对薄弱；符合核心价值观标准的基层干部队伍建设仍需加强。宣教方面的因素主要有：(1)农村、城郊居民参与和观摩重大纪念活动和文艺展演的机会很少；(2)基层社区精神食粮比较匮乏，优秀传统文化承继乏力，新时代优秀文化还没有完全形成，当代道德伦理秩序也有待进一步构建；(3)国民教育体系存在薄弱环节，全民教育和终身教育理念贯彻不够，教育对象和受教育阶段存在缺失，对网络和虚拟社会关注不够；(4)体制外居民的群众性精神文明创建活动缺乏有效组织和社会机构的参与，宣传创新意识有待提高。因此要为农民朋友提供好“文化大餐”，形成既传统又现代的新乡村文化，还得更好地对接群众，对接农村，服务农民，在“为民、便民、乐民”上多花点心思。例如可在深入调查地方曲艺习俗和群众的文艺喜好的情况下，依据农民的日常生活作息和农业的生产规律，合理安排文化活动的内容、时间和地点。农村常有“逢集”与“背集”，演出时间就可以尽量安排在下午或晚上。在活动正式开始前，也不妨利用有线广播、大喇叭、短信、微信、活动展板、宣传车、声光电装置等多种方式进行预热和宣传，同时设立有奖问答、趣味游乐活动等鼓励群众积极参与。只要工作有新意，有特色，做到雅俗共赏，农民对文体活动是非常欢迎也是非常渴望的，往往比在城镇社区能获得更高的人气。

5.2.3 网络空间成为文化建设的短板

文艺借助网络对社会和青少年的影响力越来越大。网络影视剧、网络综艺、网络直播、弹幕互动、网盘分享、跨媒体社区等迅猛发展，民众对文艺类型、文艺样式、文化主题的自由选择权大大扩展，广大群众享受文化大餐的成本也显著降低，可以说网络化为文艺的大发展大繁荣提供了重要支撑和平台保障。但同时伴随着自由散漫气息与有效监管能力的不足，网络空间中碰触法律底线和道德红线的行为也屡见不鲜，甚至在有的媒介和平台上呈现泛滥之势。不少青少年和中低收入的群体渴望通过网络直播或参赛一举成名、一夜暴富，有的试图以出格举止、发表极端言论等快速变身“网红”，一些杂志官微、公众号、个人微博肆意篡改新闻标题，大量播发以“走上人生巅峰”“和土豪做朋友”“不服来战”为主题的网络段子来吸引眼球，有的极尽夸张之能事宣扬庸俗鸡汤、享乐主义、拜金成功学和极端个性化，有的故意引发、挑动、教唆群体间毫无根据的对骂、对战、对抗，对树立和谐健康的网络风气产生了不少负面影响，对建构文明理性、积极向上的网络文化带来了严重阻碍。由于网络空间已成为民众最主要的信息来源和发布渠道之一，这些令人忧虑的现实不可避免地会导致现实社会的“紧跟”和“共振”，可以说在一定程度上正在改变甚至形塑社会的主流文化。

5.2.4 通过深化实践提升文化供给

(1)深入推进文明创建活动。

要精心设计更鲜活、更接近大众、更符合受众认知特点和行为规律的活动载体，广泛组织开展群众文化活动、道德模范评选宣传、学雷锋志愿服务、我推荐我评议身边好人等各类主题道德实践活动，引导人们从具体事情做起，从基本规范做起，实现人们践行社会主义核心价值观的行动自觉、习惯养成。

推进文明城市、县域文明指数测评。在具体项目上分明别类，基层组织或单位按照文明村镇、文明行业、文明校园、文明家庭四个板块，实现测评全覆盖，通过对文明程度细化、量化努力做到数字化管理，通过建立一批观测点和信息数据库，实现动态测评、动态跟踪、动态反馈、动态发布，不断完善落地工程的有关举措，逐步形成基层单位天天向上、家家户户崇德向善的生动局面。

可持续开展日常生活“七个文明”实践活动，倡导文明用语、文明交通、文明就餐、文明旅游、文明社交、文明休闲(重点是广场舞、麻将室等群体性健身休闲活动)和文明上网活动。大力宣传推广乡镇的民风民俗创“五办”(婚事新办、丧事简办、小事不办、祭祀礼办、节庆俭办)，将社会主义核心价值观融入到居民文明行为养成之中，促进居民素质整体提升。

要深入开展文明家庭评选活动，同时加大奖励力度和宣传力度。加强家庭美德建设，重视家风、家训、家教、家德宣传，倡导关爱家人、关爱好人、关爱有困难的人。广泛开展形式多样的文明家庭创建活动，大力弘扬“尊老爱幼、男女平等、夫妻和睦、勤俭持家、邻里团结”的家庭美德，树立家庭文明新风尚。

(2)融入特色节庆活动。

应坚持以传统节日和现代节庆为节点，在元旦、春节、中秋、重阳等时期，广泛开展“送文化下乡”“送欢乐到基层”“为老百姓写春联送剪纸”等活动；在端午节举办“粽叶情　香邻里　庆端午”活动，通过才艺展演、包粽子比赛、“粽叶暖人心”慰问困难家庭等。清明节期间可开展网上祭英烈活动，积极组织青年学生到革命烈士陵园开展祭拜活动。充分利用“三八”“五一”“六一”等当代节日，开展爱党爱国爱社会主义主题教育活动。利用党史国史地方史上的重大事件、重要人物纪念日等，依托各级爱国主义教育基地大力开展爱国主义和革命传统教育活动。要通过教师、司仪和知客先生这一中介群体把孝道、勤劳、节俭的价值理念嵌入婚礼，把为国为家、责任担当意识嵌入成人礼，要鼓励家庭的当家人把感恩父母、孝老爱亲、以人为本、勤俭持家等优秀传统理念嵌入寿礼和生日庆典。

要特别重视现代节日。如在双十一购物节、18岁集体成年礼等活动中融入价值观诉求，在欢乐、开心的氛围中体现爱国、文明、诚信、友善等核心要素。对圣诞节、情人节、万圣节等“洋节”要包容汲取其优秀因素，做到阵地不丢，适时发声；因势利导，洋为中用。

(3)深入开展“诚信建省”活动。

应加快构建全省社会信用体系，建设信用信息平台，完善金融、工商登记、社会组织登记等重点领域信用记录，建立健全行业信用记录、失信记录档案。加强政府诚信体系建设，健全政府和行政承诺考核制度。

应坚持诚信与征信督促相结合，不断完善政务诚信、商务诚信、社会诚信、司法公信管理制度。督促协调各单位认真落实我省《关于推进诚信建设制度化工作的实施方案》，研究制订具体实施方案。组织开展“百城万店讲诚信”活动，建设诚信商户、信誉商场市场。加强诚信教育，完善守信激励和失信惩戒机制，大力宣传诚信企业、守信商家，不断曝光失信败德的典型案例和不法经营者，实行“黑名单”和失信被执行人发布制度，加大对失信行为的约束和惩戒力度。主流媒体积极行动履行社会责任，及时曝光偷漏税款、制售有毒有害食品药品的黑名单，推动建立诚信“红黑榜”制度，破除地方保护主义思想，对所在地违法失信企业和商家不护短、不阻挠调查。以典型案例教育引导干部群众从自身做起，改变日常生活中的陋习，诚实做人、守信做事。

要联合公安、网监、金融、教育等部门积极开展“网络安全宣传周”和“反网络欺诈”活动，做好虚拟社会和网络环境中的诚信建设。

(4)建设公益社会，形成全员参与格局。

培育社会公益组织。应健全全省志愿服务工作领导体制和工作机制，推动志愿服务常态化、制度化。进一步提高志愿者注册率，确保各单位的注册志愿者人数不少于单位总人数的15%，努力实现在职党员、青年团员注册志愿者全覆盖，各党政机关、企事业单位和大中专院校，每季度至少开展志愿服务活动一次。

推广和打造公益活动品牌。湖北已具有一批国内有影响力的公益品牌，如“本禹志愿服务队”，2013 年 12 月收到习近平总书记的回信鼓励；“有时间做志愿者，有困难找志愿者。”在武汉的百步亭社区，志愿服务已是居民的生活方式和价值理念，社区居民共 14 万余人，有 4 万多人是注册志愿者。可进一步做大上述品牌，在全省范围组织开展“邻里守望·互助圆梦”志愿服务活动，把社会主义核心价值观和中国梦融入居民群众日常生活。活动中要大力帮扶留守儿童、空巢老人、残疾人员、无业人员等弱势群体，热心关照吸毒人员、艾滋人群和刑满释放人员等边缘阶层；分层分类实施天蓝工程、绿地工程、水清工程等系列生态文明公益服务活动。

吸引社会各界参与。要充分发挥公益广告、公益讲座、公益活动在宣传社会主义核心价值观、弘扬街头正能量的重要作用。发挥民主党派、社会团体、公益组织、民间组织、学生组织、行业协会、企业社区的主观能动性，群策群力形式多样开展价值观宣讲活动。鼓励公益基金、志愿组织、慈善机构等社会力量以各种方式参与培育和践行社会主义核心价值观活动，对做出突出贡献和坚持开展公益工作的组织和个人予以必要支持。

5.2.5　加强基层文化建设的政策建议

(1)在战略层面，建议及时建立长远的文化战略，做好价值观发展规划；大力推进基层法治建设，完善相关配套措施；加快推进新型城镇化，逐步完善收益分配的体制，倡导共同富裕；在大众价值观实践养成方面应结合法治建设推进知行合一；针对非公所有制企业职工和 80 后职场新生代，应激励用人单位参与宣贯工作；在先进人物和文明单位评选上适度增加非公企业比例；进一步加强针对基层民众的社宣、网宣工作。

(2)中宣部和中央文明办联合印发的【2015】9 号文起到了较好的指导和推动作用，但在落实上应进一步考虑群体差异，有的放矢、突出重点。例如应更加重视和突出解决社区内待业青年、留守少年、低收入者的思想道德教育问题，避免出现真空和缺位，通过政府援助、关怀就业、鼓励创业、社会组织和志愿者关怀等多种方式，使得这一类弱势群体重新融入城市，感受到友善和谐的社会氛围。

(3)应结合“四个全面”战略部署的落实，宣教工作不回避 24 字中的任何关键词，不人为造成碎片化认同、片面认同和认同偏差。实际上，理论自信本身就体现为社会主义核心价值观应是吸收并发展了人类一切优秀和健康的价值追求，而以改革创新为核心的时代精神也蕴含着倡导自由、平等的巨大生命力。例如在经济领域，推进服务型政府建设、设立自贸区、开展负面清单管理、给予各经济主体平等市场地位、鼓励大众自主创业和万众创新等都是自由、平等的重要体现。在社会方面如有案必立、公车改革、养老并轨、广泛成立业主自治组织等举措都体现了“平等、民主”的融入。可大力总结阐述践行核心价值观与全面深化改革取得丰硕成果的因果关系，这样既推进了民众对改革举措的认同拥护又无形中增强了三个自信。

(4)对于认同相对较弱的“富强”和“敬业”，在宣传上应更加多样化、具体化、生活化，在阐释上应突出两者和实现中国梦的关系，提升群众对其的理解和拥护。农村居民对“敬业”的认同偏少，对农民群体而言何为敬业、如何敬业仍有待宣传。

(5)课题组探索了将理论宣讲与大学生暑期社会实践相结合的路子。高校师生成为了党和政府理论政策的“讲师团”和“宣传队”，使核心价值观直接与老百姓面对面，“入脑入心”的形式比较鲜活。建议推广。

5.3　收入分配篇

5.3.1　收入分配政策供给的现状

收入分配政策一般是指国家为实现宏观调控总目标和总任务，针对居民收入水平高低、收入差距大小在分配方面制定的原则和方针。改革开放以来，我国居民的收入水平有了明显的提高，但是伴随而来的收入分配差距扩大、分配秩序混乱等问题也越来越突出。基尼系数是专门用来测量一个国家或地区的居民内部收入分配差异状况的一个重要分析指标。国际上有一个基尼系数警戒线，超过这个警戒线就表示该国家的收入分配差距已经十分大，存在十分严重的收入分配不公平的现象。有专家统计出我国基尼系数在 20 世纪 80 年代中期以前在 0.3 以下，到 20 世纪 90 年代以后已经超过了 0.4，最近 10 年已经接近或超过了警戒值。尽管在计算方法和口径上存在一定的争议，但我国居民收入和财富差距不断拉大是事实。

发展是硬道理，也是赢得政策认同的最大基础。在战争年代，我们将“组织人民、领导人民、帮助人民发展生产，增加他们的物质福利”①作为党的一项重要工作，带领劳苦大众赢取了革命。在改革开放新时期，关注民生，消除贫困是改变农村和城镇社区群众政策理论认同薄弱的最大动力和最根本力量。其中转型社区是一种城镇化进程中处于过渡阶段的社区形态。较城市社区而言，转型社区经济发展水平较低，很多地方还保持着原有的农村经济特色，如开放性不够、创新性不足，过分依赖土地资源等。随着城镇化建设脚步加快，越来越多的土地被征收或征用，居民没有了长期赖以生存发展的物质基础。另一方面中西部地区集体所有的经济还处于探索起步阶段，处在“青黄不接”的状态。年轻人尚可以外出打工，另谋出路，而 55 岁以上居民由于当地工厂对年龄的限制只能失业在家里，没有稳定经济来源，如何增加收入安度晚年成了他们最关心的内容。实际上早在 2009 年进行的一项关于中国“未来 10 年 10 项挑战”的调查中，结果显示第一大挑战为“腐败问题突破民众承受底线”，第二大挑战为“贫富差距拉大，分配不公激化社会矛盾”，有八成多受访者选择了此两项(高源、马静，2009)。因群体发展速度与总体发展速度不匹配是导致人们在社会主义核心价值观的认同度上出现了较大的差异的根本原因之一。当然，这一现象也提示通过推进以人为本的新型城镇化，使转型社区逐步完成转型，尽快融入城市融入现代化进程，就会提升人们对公共政策和相关制度体系的认同。

党的十八大报告提出，调整国民收入分配格局，着力解决收入分配差距较大问题，使发展成果更多更公平惠及全体人民，朝着共同富裕方

① 《毛泽东著作选编》，中央党校出版社 2002 年版，第 253-254 页。

向稳步前进。改革开放30多年来，中国经济快速增长，成为世界第二大经济体。然而，城乡居民收入增长的步伐仍赶不上经济发展的速度。另一个不容回避的现实是，城乡之间、地区之间、行业之间乃至不同人群之间，仍有不小的差距。我国分配领域的问题表现为收入差距过大，其实质是分配不公。具体表现为劳资关系中资强劳弱、农民工与城市文明相对隔离、一些地方国有企业经营者缺乏有效市场评判标准和收入分配激励约束机制，“穷庙富方丈”现象依然存在。此外，垄断行业职工总收入偏高、通过垄断市场侵害民众利益、灰色收入等问题也比较突出。

中央将“更公平”三个字写进十八大报告，是以人为本理念的进一步深化，也是执政党将以更大力度改善民生和加强社会建设的明确信号。五大发展理念中的“共享发展”理念集中体现和反映了党和政府的执政新思想新理念，是以习近平同志为核心的党中央坚持全心全意为人民服务根本宗旨的具体表达。党的十八大报告中提出的“八个必须”，将“必须坚持人民主体地位”作为首要的“必须”提出来，彰显了我们党对唯物史观的一贯遵循。“人民”这一范畴，是习近平同志十八大之后使用频率最高的词汇之一，成为新一届领导集体坚持“人民至上”历史观与价值观相统一的鲜明标识。共享发展理念的提出，是党在新的历史起点上对发展为了人民、发展依靠人民、发展成果由人民共享的“以人民为中心”的发展思想和执政理念的具体要求。① 当然，有了好的发展理念还需要将其贯彻落实到具体实践中，例如如何在分配格局上实现社会公平，从何处为切入点调节收入分配就见仁见智，有的学者提出了搞“第三次分配”，在志愿性的基础上，以募集，自愿捐赠和自主等慈善

① 王淑荣，许力双：《共享发展理念的重大意义与实践指向》，《红旗文稿》2016年第4期，第14-16页。

公益方式对社会资源和社会财富进行分派（厉以宁，1994）。第三次分配依靠“精神力量”，奉行“道德原则”，可以成为对前两种分配的补充，可缩小社会差距，实现更合理的收入分配。其理由是在弥补市场失灵方面，通过对低收入群体技术要素的补给，提供慈善培训增强其技能，通过资本要素补给，给予他们一定的创业资本，从而提高低收入者收入水平，调节差距，而且其本身也符合市场效率要求，能总体上增加社会财富。在弥补政府失灵方面，通过第三次分配可以弥补因税收问题和政府转移支付造成的收入差距（樊继达，2013）。当然质疑者认为该理论一是理论上占不住脚，不符合通用的经济学原理，实际上在分配上只存在初次分配和再分配；二是这种提法和思路并不利于慈善事业的健康成长（赵锦辉，2009）。党的十八届五中全会通过的《中共中央关于制定国民经济和社会发展第十三个五年规划的建议》也提出，缩小收入差距，仅靠“二次分配”是不够的，主要得靠“一次分配”。对于老百姓来说，对收入分配政策也有自身的直观感受。例如：在 T 市某社区，一位 60 多岁的老太太说：现在买房子就是养了个“哑巴儿子”。什么意思呢，买房子可以出租获得固定收入，就相当于养儿防老，还不用操心。这说明利用土地和房产来增加收入是老百姓的普遍期望。当然大多数人并没有这个实力在城市购买多套住房，不少老百姓对违规占有住房较多的公职人员和少数人利用拆迁还建违法占有大量保障性住房的情况意见很大，也期待政策的制定和实施能更加公平和透明。总之，收入分配政策供给侧改革的方向、原则和理念都是明确的，当前特别需要的是将好政策实施好，使之具备可行性、稳定性和可操作性，既能够稳步增加中低收入者和基层劳动者的实际收入，增强获得感，又保持财政收支的基本平衡和社会的和谐稳定，避免出现贫富对立、富人“移民”和穷人“失落”并存的情况，逐步扩大中产收入阶层，早日跨越“中等收入陷阱”进入中等发达国家水平。

5.3.2 群众对收入分配政策的认知

本次实地调查反映的居民对收入分配政策的认知现状主要有如下几个特点：

(1)分析表 5-2，可以发现 25~35 岁年龄居民对收入分配政策最为了解(均值为 2.82)，其次是 36~55 岁阶层(均值达到 2.75)。而 25 岁以下居民大多处于新就业和未就业状态，对收入分配政策最不了解(均值为 2.53)。从第 15 题的分析结果看，25 岁以下年轻人非常关注就业政策，所以应考虑利用其经常使用的新媒体渠道对涉及收入分配的就业、养老、住房政策进行发布和宣传。

表 5-2　基层群众对收入分配政策认知程度分析(基于年龄因素的交叉表)

			受访者年龄				合计
			25 岁以下	25~35 岁	36~55 岁	55 岁以上	
问题3收入分配	完全不了解	计数	34	19	39	9	101
		同类受访者占比	11.3%	7.9%	14.5%	17.3%	11.7%
	不太了解	计数	135	83	68	13	299
		同类受访者占比	44.9%	34.4%	25.3%	25.0%	34.6%
	一般了解	计数	77	68	91	15	251
		同类受访者占比	25.6%	28.2%	33.8%	28.8%	29.1%
	比较了解	计数	47	64	63	14	188
		同类受访者占比	15.6%	26.6%	23.4%	26.9%	21.8%
	很了解	计数	8	7	8	1	24
		同类受访者占比	2.7%	2.9%	3.0%	1.9%	2.8%
合计		计数	301	241	269	52	863
		同类受访者占比	100.0%	100.0%	100.0%	100.0%	100.0%

(2)表 5-3 说明基层干部相对于群众更加清楚收入分配政策，在“比较了解”这个层次，要高出 14 个百分点。据课题组调查，实际上在农村社区，集体收益分配方案主要是干部商量制定(有的经过村民代表大会批准)，村民一般通过村务公开对财务情况有个大概了解，但很难进行监督，普遍希望在分配信息上更加公平和透明，保障知情权。

表 5-3　基层群众对收入分配政策认知程度分析(基于受访者身份的交叉表)

		受访者身份		合计
		基层干部	群众	
对收入分配政策	完全不了解	8.1%	12.3%	11.7%
	不太了解	21.8%	36.7%	34.6%
	一般了解	29.8%	29.0%	29.1%
	比较了解	33.9%	19.8%	21.8%
	很了解	6.5%	2.2%	2.8%
合　计		100.0%	100.0%	100.0%

(3)课题组在基层调研时有几个突出感受：一是家庭有个大学生，对政策理论来说，就知道或理解得就好一点，例如表 5-4 就支持这种印象。二是超过一半的收入较低的家庭(占该类家庭的 54.4%)对于收入分配政策理论的了解程度和了解欲望都相对较小，呈现出政策理论“绝缘”的状态。这其实也基本符合经济基础决定上层建筑这一说法，收入较低人群更加关注具体的谋生手段和工具(见表 5-5)。三是体制内居民明显在收入分配政策上更加了解和认同(见表 5-6)。这些感受得到了问卷调查的支持。

表 5-4 基层群众对收入分配政策认知程度分析

(基于家庭有无大学生情况的交叉表)

	家庭有无大学生		合计
	有	无	
完全不了解	10.3%	13.6%	11.7%
不太了解	33.4%	36.2%	34.6%
一般了解	31.4%	25.9%	29.1%
比较了解	22.1%	21.4%	21.8%
很了解	2.8%	2.8%	2.8%
合　计	100.0%	100.0%	100.0%

表 5-5 基层群众对收入分配政策认知程度分析(基于家庭收入的交叉表)

	家庭收入状况			合计
	收入偏低	收入中等	收入较好	
完全不了解	15.9%	9.1%	13.8%	11.7%
不太了解	38.4%	33.3%	29.9%	34.6%
一般了解	26.6%	30.4%	29.9%	29.1%
比较了解	17.3%	24.3%	21.8%	21.8%
很了解	1.8%	3.0%	4.6%	2.8%
合　计	100.0%	100.0%	100.0%	100.0%

表 5-6 基层群众对收入分配政策认知程度分析(基于户主工作性质的交叉表)

	户主工作性质		合计
	体制内(政府机关、事业单位、国有企业)	体制外(务农、民营企业、个体经商、自由职业、无业)	
完全不了解	10.0%	12.3%	11.7%
不太了解	27.1%	37.4%	34.6%

续表

	户主工作性质		合计
	体制内(政府机关、事业单位、国有企业)	体制外(务农、民营企业、个体经商、自由职业、无业)	
一般了解	32.5%	27.8%	29.1%
比较了解	25.8%	20.3%	21.8%
很了解	4.6%	2.1%	2.8%
合　计	100.0%	100.0%	100.0%

5.3.3 收入分配政策实施的现状

(1)城乡之间收入差距仍较大。

居住在城市的居民，因为拥有更多的资源，能够接受更好的教育，享有更多的就业机会，可以有更多的途径增加自己的收入。还能享受到国家完善的社会保障制度。而农村的居民因为地域限制，没有城市那么多的资源和就业机会，增加收入的途径较为单一，财产性收入偏少，一般都是凭自己的劳动力来改善家庭生活。并且因国情因素，国家在农村的社会保障投入相比于城市也有很大的差距，由此造成了城乡之间的收入分配差距仍比较明显。以课题组调研地区为例子，位于工业区的城镇居民收入和消费水平就明显地比以务农为主的农村居民收入要多。

(2)地区之间收入差距大。

我国从总体上看，呈现出从东部到西部居民平均收入逐渐减少的趋势。东南沿海一带地理位置优越，海陆空交通便利，资源丰富，历史上又有国家优惠政策的扶持，还能较为方便地接受和学习国外先进的技术和经验，产业比较集中，能创造巨大的社会财富，发展较为迅速，这些地区的居民收入也相对较高。而在西北部比较封闭的地区，资源相对较少，产业较分散，人流量消费市场，劳动力相比东南沿海地区都不及，居民收入分配方面自然也和东南沿海地区有很大的差距。在课题组调研地区也同样出现这样的问题，靠近大型企业或交通干道(如 318 国道或汉宜高速出入口)的村湾由于交通方便，商贸物流相对发达，居民收入相对较高。有的村民并无一技之长，但在家门口摆个小摊，甚至出租几间空房都获得了额外收入。和武汉的几个开发区相比，同样是国家级工业区，某地级市的开发区因位于湖北内陆且大型企业比较少(年纳税超过千万元的企业就可以排名进入全市的前十位)，产业不集中没有形成聚集效应，给周边居民带来的就业机会就不是特别多。因交通方便，年轻人和有知识技能的居民反而更倾向于到武汉和东南沿海地区发展，造成空心化。

(3)行业之间收入差距较大。

在经济体制转轨过程中，真正引发不满的，不是基于公平竞争形成的行业差距和收入差距，恰恰是通过垄断形成的收入分配不公。一些垄断行业因为掌握着控制国家经济命脉的资源，可以创造巨大的社会财富，因此在一些垄断资源的国有企业单位、事业单位和外资企业工作的人员，在收入上明显比普通的民营企业和完全依靠出卖劳动力的劳动者要多得多。在中小城市，进入编制的公务员和事业单位人员，拥有较高的社会地位，并有一些隐性收入和灰色收入，仍旧是年轻一代的理想职业。据课题组的调查显示，位于体制内，比如说政府机关、事业单位、国有企业的工作人员就明显比位于体制外(务农、民营企业、个体商户、自由职业)的工作人员的收入要高。

5.3.4 造成收入差距拉大的主要原因

(1)制度层面的过度激励。

在计划经济时代，我国实行的是平均主义的分配方式，不分效益高低，不分贡献大小，都是单一的分配标准。这种经济体制和分配方式注重了社会公平，却挫伤了广大劳动者的积极性和创造性，导致了经济效益低下和共同贫穷。十一届三中全会以后，我国实行了改革开放，建设中国特色社会主义市场经济，打破了传统的计划经济体制，收入分配不再仅仅局限于按劳分配，而是实行以按劳分配为主体、多种分配方式并存的分配制度，让一部分人先富起来，这就意味着必然会出现分配收入差距。不过由于地方上普遍强调发展重于一切，财产税和个税征收力度和范围也比较轻，贫富差距扩大趋势始终没有得到有效扭转。

(2)分配机制有待优化。

我国的分配方式有两种，初次分配主要是指国民总收入直接与生产要素相联系，初次分配注重效率；再次分配是指在初次分配的基础上，政府通过税收、政策、法律等措施，调节各收入主体之间现金或实物的分配过程，也是对要素收入再次调节的过程，再次分配注重公平。但是政府的再次分配依然存在薄弱方面：一方面对高收入者调节不利，不能根据实际情况变化建立有效的收入监督控制体系；另一方面对低收入者阶层缺乏有效保护。就以在课题组调研地区来看，城市居民本来在初次分配上，有着各种资金、技术等生产要素方面的优势，这一点就跟乡村居民拉开了一个差距。再次分配上面，根据调查 T 市国家级工业园区的社区退休居民因为城镇有比较完善的养老保险制度，所以在退休之后仍然可以获取一笔 2000 多元的退休金。而农村地区由于大多数是以务农为生存方式，没有十分完善的养老保险，在年老逐渐失去劳动力之后，基本上都没有固定收入，所以就拉开了第二个差距，这也是为什么退休居民对收入分配政策改革特别关注的主要原因。

(3)长期实行效率优先原则。

党的十四大以后，我国开始了以全面建设社会主义市场经济体制为目标的改革，提出了效率优先、兼顾公平的分配原则，市场经济规律在经济生活中起着越来越重要的作用，以价值规律为基本内容的市场经济规律，本身就具有收入差距扩大的内在动力。在市场经济条件下，市场主体追求的目标是利益最大化，而实行利益最大化的主要经济手段就是按照市场原则和生产要素的贡献获取收入，让贡献大的人得到高收入，从而刺激一部分人劳动和经营的积极性，通过合法劳动和经营，走上致富道路。因此，在效率优先创造价值的驱动下，收入分配差距就会出现。

(4)就业机会城乡差异明显。

就业和收入分配紧密联系。在劳动力基本权益缺少法律和政策保护下，在劳动力没有能够代表自己利益的情况下，劳动力的相对不利地位会更加凸显。在单个而又分散的劳动力对抗中，资本会显示出强势的力量，这在很大程度上会影响到劳动力与资本的分配关系。在农村，大量劳动力剩余和农业就业收入非常低下的情况下，他们在城镇的就业机会成本非常低，而务工所带来的收入对于改善家庭生活非常关键。在课题组调研的地区，因为出生成长在城市社区，有丰富的人脉和资源，还有很多就业机会供选择，在总收入上都会比农村居民要多。

(5)受教育程度的差异。

由于现在的教育本来在地区之间就存在着差异，而人们接受教育程度与就业机会和创造的收入成正比。由此，受教育程度高的人自然会有更多的机会去接受更好的就业岗位创造更大的价值。相对而言，在受教育程度比较低的山区，发展比较落后的乡村及偏远地区的劳动力，在选择就业时，一般都是从事的创造相对价值比较小的行业，在收入分配上也会存在很大的差距。

根据课题组的问卷调查，具有本科及本科以上学历的人普遍认为自己的家庭收入与左邻右舍和亲戚朋友相比要好。而且据实地走访调研发现，家里有文化水平较高的人家庭收入也都比较高，其中对收入分配政策也比较了解，可以利用这种对政策信息的把握能力和敏感性增加收入。例如，一些农村居民因为家里有大学生也开始购买收益较高的银行理财产品。而那些因为学历比较低，又对收入分配政策方面没了解的人只能外出打工出卖劳动力或是单纯务农来获取生活来源。尽管也有部分人通过经商获取的收入要比学历高的人还要多，但总体来讲，学历高家庭仍旧比学历低的家庭平均收入更高一些。

5.3.5　调节收入分配差距的政策供给

(1) 国家层面的政策供给。

从国家层面来说，收入分配属于经济范畴，是国家经济基础的重要组成部分，如果一个国家的收入分配出现严重不公平现象，那么将会影响到一个国家经济的良好运行和发展。国家应该在低收入群体上增加创收途径。进行最低工资制度改革以提高最低工资标准。个人税收方面要采用适当的梯度税收政策，以此来降低高低收入群体之间的收入差距。另外，根据课题组在湖北的调研，发现很多居民对于关于收入分配的一些理论政策根本不理解，特别是农村经济发展比较落后的地区，国家在这方面也应该根据每个地方文化程度不同，适当普及收入分配方面的理论政策。而对于农村还存在的集体土地出租以获取经济效益的这一特殊情况，在集体利益分配上面也应该有明确的分配方式依据。要缩小收入分配差距，使收入分配相对公平，应建立健全包括社会救助、社会保险、社会福利在内的社会保障体系和制度。为实现更公平，还应破除垄断，缩小收入差距，还需大力调整财政、税收、社保三大宏观政策，充分发挥对收入再分配的重要调节作用。

(2)社会层面政策供给改革。

社会主义核心价值观在社会层面的价值倡导要求包含“平等、公正”两个关键词，足以体现收入分配公平的重要性。收入分配关系到社会的稳定与和谐，巨大的收入分配差距容易造成社会矛盾，可能危害到经济的总体可持续发展。而比较公平的收入分配格局不仅会形成良好的竞争环境，也有利于形成良好预期，保持经济平稳健康发展。收入分配还关系到一个家庭的和谐问题，关系到父母养老，孩子教育等诸多问题。良好的科学的收入分配体制机制会给低收入家庭孩子创造更多的就学机会，反之则可能造成较高的失学率和较低的文化素养水平，严重的会导致贫困的代际传播，将影响小康社会的“全面性”和走向现代化文化强国。

要遏制基尼系数上升，改善城乡一体化的分配格局，关键在于扭转非农导向的城乡政策，消除城乡二元结构，实现城乡一体化发展。应建立健全公平竞争机制，反对行业垄断，抑制行业垄断带来的收入差距的不合理扩大，应加强税收执法、市场监督、反腐败、反贿赂的力度，抑制非法收入带来的收入差距扩大。产业地区布局和区域经济发展的非均衡性等是导致不同地区贫富差距扩大的重要原因。为此，应优化产业的区域布局，在投资政策、税收政策、财政政策、产业政策、就业政策等方面对贫困地区、落后地区适度倾斜和重点扶持，以促进区域经济的协调发展。要缩小收入分配差距，就应当在初次分配、再分配上有所改革。初次分配要讲效率，就是要让那些有知识、善于创新并努力工作的人得到更多的劳务报酬，首先富裕起来。二次分配要更讲公平，政府应当利用税收、转移支付等政策手段来帮助弱势群体，2015 年以来国家开展的专项消除贫困行动计划就是一例。通过建立全面、系统、适度、公平和有效的社会保障体系来筑牢安全线，实现兜底。

公平正义是一种强大的团结力量，一个共同发展共同富裕的社会是推动社会和谐和国家富强的沃土。加紧建设对保障社会公平正义具有重大作用的“兜底型”制度建设，逐步建立社会公平保障体系，努力营造公平的社会环境，保证各阶层平等参与、公平发展的权利。进一步规范重大事项审批制度，将社区(或村集体)社会服务功能与经济发展职能适度分开。建立合理有序的收入分配格局，尤其关心关注关照老年群体和缺乏城市谋生手段村民的生存状态。通过完善收入分配调控的体制机制和实施方案，对集体收益可按一定比例对弱势群体给予适当援助。积极促成覆盖所有社区的城乡统一的社会保障体系，妥善解决社保缴费欠费和历史遗留问题，保障所有社区居民学有所教、劳有所得、病有所医、老有所养、住有所居，进一步消减社会主义核心价值观深入人心的阻力和障碍。

5.3.6 稳步做优非公经济，切实维护居民合法权益

在课题组连续多年进行的调研中，发现凡是民营经济、个体经济等非公经济比较发达，民营企业、个体工商户和集体企业比较兴旺，社区干部会抓善抓经济建设、普通居民就业比较充分的社区，其所在社区居民对公共政策的认同和接受程度也比较高，而且基层民众对政府开展的宣传教育工作也更加重视和理解。历史证明，只有大力解放和发展生产力，不断增加社会财富积累，才能为社会和谐、共同富裕的最终实现提供经济基础和前提条件，才能赢得民心赢得拥护。这不但印证了“仓廪实而知礼节”的一般规律，也证明了社会发展与政策获得拥护支持离不开丰富与繁荣的物质基础，离不开让广大民众获得“免予恐惧和匮乏”

的生活①。所以，要妥善处理好“面子”和“肚子”的关系问题，就要进一步地让基层民众更有获得感、幸福感，就需要继续做大蛋糕、做强实体经济，夯实家庭积累资产积蓄财富的根基。同时特别注意在企业收益分配、征地补偿、宅基地流转、就业推荐、福利支出、留守老人、儿童和弱势群体、边缘群体的照顾援助方面更加公平、透明，强力问责集体“三资”管理上出现的腐败现象和“苍蝇”式“牛虻”式干部，切实保护无地少地农民、残障人士、特殊贫困户等弱势群体的合法权益和基本尊严，真正从惠民利民工作切入，进一步扭转基层干部的作风和基层组织的党风廉洁建设，确保群众的切身利益不受到非法侵占和恶意侵害。

5.4 就业政策篇

5.4.1 就业政策背景

就业政策一般是指政府为了解决现实中劳动者就业问题而制定和推行的一系列方案及采取的措施，其核心内容包含失业者的再就业政策和适龄劳动者的初次就业政策，本调查主要聚焦于前者。目前，全国范围内的新型城镇化建设对基层群众尤其是城乡结合部居民的影响越来越显著。在就业方面，城镇化固然为广大基层群众带来就业机会，但是已经失去土地的原农村居民对于就业条件的需求则比还没有失去土地的农民

① 参见联合国《世界人权宣言》，该宣言第二十三条第三款还提出：每一个工作的人，有权享受公正和合适的报酬，保证使他本人和家属有一个符合人的尊严的生活条件，必要时并辅以其他方式的社会保障。http：//www.un.org/zh/universal-declaration-human-rights/index.html。

工高。因为对于外来农民工来说他们有着务农的第一收入为保障，所以他们就可以接受较低的工资收入，但是对于已变为城市居民的失地农民来说，劳动收入几乎是唯一生活来源，他们对工资的要求就比较迫切。然而，由于城镇化当中很多居民本来是农民，他们懂农业知识，却没有太多的现代文化知识与工商业技能，所以在与城镇居民和外来人口的职业竞争中处于劣势。“失地农民”的就业是农村城镇化建设进程中必然存在的问题，也是就业难点之一，到目前为止，尚未找到有效化解的途径。农民失业问题具有暂时性、局部性的特点，但如何在城镇化建设中迅速有效地解决农民的就业问题是全国各地一直在致力于探索的的问题。

在土地征用过程中，政府往往对村集体进行一次较大金额的补偿，但这并不是解决“村改居”居民就业的一个长期有效的方法。“授之以鱼不如授之以渔”，如何结合新型城镇化，促进失地农民的就业，减少社会不安定因素，着力提高农民和新市民的生活水平，对构建和谐社会具有重要意义。

5.4.2 就业情况的现状分析

近年，随着城市化进程的不断推进，众多的失地农民因此产生。据统计，目前我国失地农民数量已达6000多万人，并以每年200多万人的速度递增。不论在我国还是在国外，失地农民的就业问题都具有普遍性，他们的就业问题都引起了人们的普遍关注。通常“失地农民”就业问题具有暂时性和局部性，一般都会随着城镇化的不断发展而逐步得到消化解决。但在快速城镇化时期如果正好面临经济发展速度下降或停滞就会带来诸多问题。土地被征用后，农民就不可能再以种地谋生，也就失去了赖以生存的依靠。大多数失地农民的文化素质和劳动技能偏低，据调查，失地农民的文化程度多为初中，占总体的53.5%，小学及以下占7.8%，高中占37.6%，而大学及以上者仅占1.1%（李文星，2007）。“失地农民”就业问题产生的原因是农民生产生活方式的改变，无法及时适应新的工作环境。其根本原因是农民在职业转化上不适应，自身劳动素质缺乏市场竞争力。国家在征用土地时，简单的经济补偿是必要的但却是不够的，应该做好促进当地农民就业的工作。只有解决农民的就业问题才能从根本上满足失地农民的首要政策需求，才能顺利推进城镇化进程。同时失地农民作为一个就业上的弱势群体，在除农业生产以外的其他岗位竞争上处于弱势地位，政府应该投入更大的精力保障他们的基本生活需求，做好兜底和帮扶工作。课题组针对就业政策需求状况专门进行了调查，较为突出的特点是：（1）从图5-3可以看出，城镇居民对就业政策“很了解”和“比较了解”“一般了解”的比重均高于农村居民，而选择“不太了解”和“完全不了解”的比例要低于农村居民。城镇户口居民了解程度的均值高于农村户口（见表5-7）。所以，可以看出城镇居民比农村居民更容易获得就业政策的信息，渠道也比较广。（2）从图5-4可以看出，经历过村改居的居民（包含有一定比例的失地农民）比没有经历村改居的居民在就业政策的了解程度上占优势。可以看出经历过村改居之后的居民要比没有经历村改居的居民更加重视就业，非常关心自己的就业问题和当下的就业政策改革。

表5-7 **基层群众对就业政策认知程度**

（基于户口性质的均值分析）

家庭户口性质	均值	N	标准差
农村户口	2.6893	383	1.03097
城镇户口	2.9149	482	1.00053
总　计	2.8150	865	1.01972

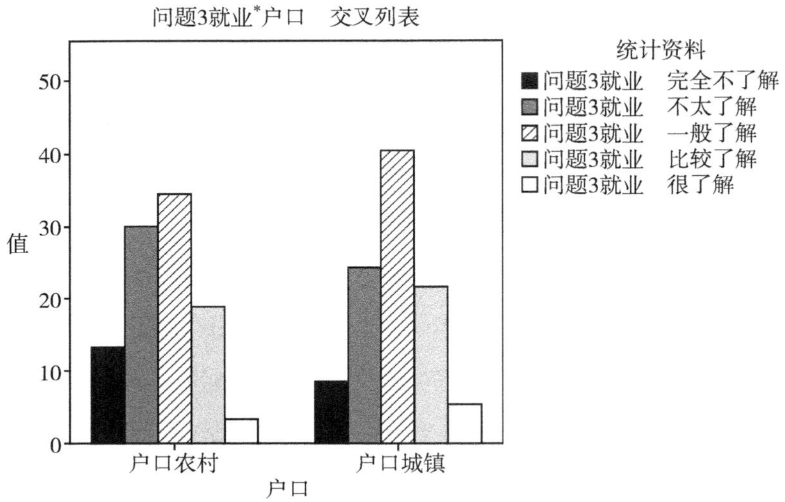

图 5-3　群众对就业政策了解程度(基于受访者户口情况的交叉列表)

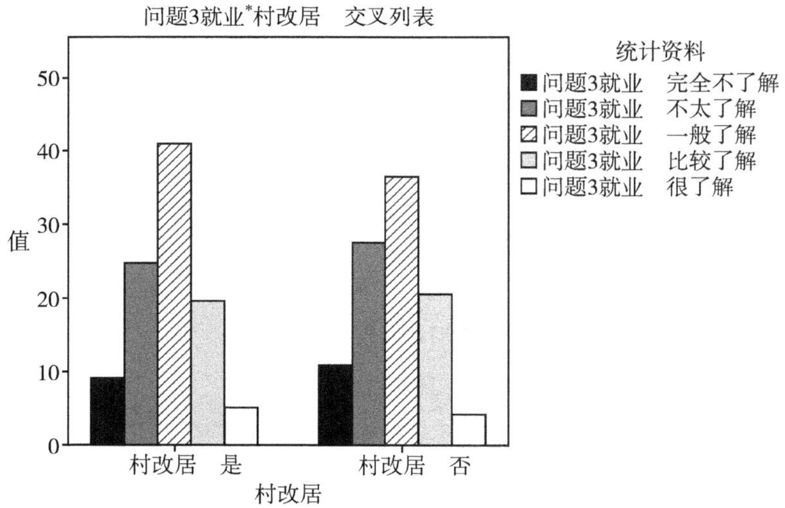

图 5-4　群众对就业政策了解程度(基于受访者社区类型的交叉列表)

5.4.3 失地农民面临的就业问题

在T市某国家级工业园社区，课题组分别走访了社区和骨干企业，发现下列是当地居民和农民工普遍遇到的就业问题。

(1)缺乏稳定的工作机会，隐性失业较为严重。

在课题组调查的对象中，没有稳定工作的人员占多数。在外出打工时，工作具有很大变化，阶段性就业比较普遍，隐性失业较为严重。而且，在外打工的农民往往只有工资，缺乏失业保险或者相应的失业补助措施(有的是自愿不上保险)。生活来源的不稳定是农民失去土地后最担忧的问题。

(2)政府征地时往往采取一次性补偿方式，未提供就业机会。

金钱补偿并不能从根本上解决农民的生活问题。如何保证失地农民的基本生活问题，妥善解决他们的就业问题无疑是一条路子，有些地区在征地时探索预留一定比例的土地兴办集体企业就取得了较好成效，但对本身人均土地就很有限的村湾，面临先天资源不足的问题，解决就业更加困难。

(3)缺乏主动就业意识，就业观念陈旧。

受到国情因素，农民的文化素养较低，劳动技能单一，缺乏核心的竞争力。同时政府虽有相应的培训机制，但实施起来非常困难。就算农民能够就业也是简单几种就业渠道，就业范围较窄，以从事搬运、物流、保安保洁、餐饮零售为主。农民“失去土地”后，一些农民甚至对就业根本没有任何想法，也有很多失地农民比较迷茫。选择就业的主要方式是外地打工，具有很强的单一性和盲目性。在课题组的随机询问中，农民的想象中的工作大多是做建筑小工、小商贩、做低廉的劳动力。还有的思路较窄，不想从事种植养殖以外的其他行业，有的观念陈旧，只想投亲靠友。究其原因，还是自身素质无法满足具有技术性的工作。

(4)结构性失业严重。

农民主要从事的工作是种地和一些简单的体力活动，缺乏从事技能性质工作的技能条件。这造成了在一些中西部地区，大量的劳动力被闲置浪费，但是在另一些发达地区又出现企业用工荒的相反现象。政府在面对这样的情况时，需要在宏观上引导当地的企业结构，尽量根据当地的就业情况引进行业，在劳动力富余地区应着力引进劳动密集型企业开厂设店，而不盲从；另一方面，还需要根据企业需要，协助社会培养能够胜任当地企业用工需求的农民工。

(5)缺乏健全的社会保障体系，隐性失业严重。

由于失地农民是处在一个城镇化不断发展的背景下，有时其身份往往比较尴尬，出现了户口是农民却没有土地及相应补贴，或者是户口是城市居民却没有相应的工作和社会保障的情况。在课题组的调查中，发现许多农民希望能够获得完善的基本保障机制。农民在失去土地后都应该可以立即享受到政府的帮扶，避免引起农民的恐慌和矛盾的激化。由于农民从事的工作不稳定，风险性较大，随时面临着失业的风险，所以政府应该组织有关机构研究设立新型的失业保险或专项的就业帮扶基金，组织农民积极参与以避免因可能出现的失业潮造成社会矛盾激化。

(6)青年人工作竞争力和就业压力持续增大。

青年就业人群包括了新生代农民工、城市白领青年和蓝领工人、新就业大学毕业生等。这一群体普遍面临较大的工作竞争和社会压力，尤其是农民工和其子女融入城市问题，城镇青年面临着较大的房贷、房奴、车贷、婚恋支出压力问题，部分企事业单位的工作时间和劳动强度过大问题，大学毕业生实际工资和心理预期差距问题，社会求职重视资历、文凭和身份背景问题，自主创业缺乏资金和培育扶持体系问题，与其他群体相比缺乏住房公积金和社保等基本保障问题。青年是国家和民族的未来，做好青年工作尤其是保障广大青年顺利就业、发挥才干、安居乐业是基层政府的重要责任和关键目标，需要积极组织就业相关技能、职业培训，开展职业规划咨询及创业平台支持计划，扩大不同群体青年间的交流活动，切实保障青年人合法权益，发挥社团组织和社会组织的服务功能，注重为青年人营造向上向善的社会氛围和宽松鼓劲发展环境。

5.4.4　就业政策供给建议

(1)为劳动密集型企业提供良好政策环境。

城镇化建设中大量农民的土地被征收，如果因此造成劳动力被闲置与浪费就非常可惜。如何迅速消化地方的富余劳动力，在当地发展劳动密集性企业无疑是一个好点子。劳动密集型企业可吸收大量富余劳动力，促进农民的再就业，并推动当地的经济发展。例如该地级市通过招商引资，建立了多家劳动密集型企业，如旺旺食品、亲亲食品、真巧食品等知名食品企业和农产品深加工企业，大大促进当地失地农民和其他失业人员的就业，收到了很好成效。但当地政府在引进劳动密集型企业时还应该注意以下几点：

一是营造良好的市场环境。政府在审批和管理制度上进一步放宽限制，在日常管理中积极扶持劳动密集型企业，为劳动密集型企业的发展创造更宽松的外部环境。二是加强对劳动密集型企业的资金支持，包括财政和信贷。根据我国一些地方的成功经验，政府可以对那些劳动密集型企业进行适当补贴，并对那些对促进就业有特殊贡献的企业给予奖励。三是加强对劳动密集型企业的监控。由于劳动密集型企业自然风险和市场风险大，政府需要加强对企业的监控，帮助企业改革企业制度和管理机制，提高企业的管理素质；帮助企业进行培训，提高管理人员和劳动力的素质；颁布有关行业的技术标准，劳动密集型企业的投资和技术选择等；发布行业发展趋势信息，引导劳动密集型企业及时进入或退出有关市场和领域；对产品无市场、经营无效益的劳动密集型企业，及时依法关停并转移到其他行业，以保证劳动密集型企业健康发展。四是对非公企业没有为员工提供基本法定福利的情况进行摸排调查，尤其是重点解决生育保险、医疗保险和基本养老保险的未缴欠费问题，切实维护和协调统筹企业和员工两方面的合法利益。

(2)以社区服务中心为平台加强本地帮扶就业的力度。

在工业发展的早期阶段，主要是工业吸收农村剩余劳动力，而在后阶段主要是靠第三产业吸收农村剩余劳动力。但随着经济的发展，服务业将取代工业成为国家发展的支柱产业，新型工业也逐渐具有了服务业的特征。然而，城镇化建设过程中，乡镇的相关服务还不够完善。随着街道社区的成立，街道服务在改善就业方面也不可或缺。大力发展和激活街道一级基层政府的服务功能，不仅能在一定程度上缓解就业压力，还可以提高城镇居民的生活质量。街道服务可以包括法律援助、卫生保障、信息服务和综合服务。随着城市化的水平和街道服务类型的不断发展，政府对街道工作者的要求也逐渐提高。如街道服务的信息网络化，则需要服务人员掌握基本电脑的知识。所以，居民尤其是失地农民进入街道服务前，应该进行系统的培训，内容主要包括日常工作的简单介绍、基本知识的普及和基本技术能力的应用。

就业信息的供需匹配非常关键，这就需要通过广泛宣传发动，大力开展就业、劳动保障、就业培训政策宣传咨询活动，帮助失业、待业人员掌握就业信息、熟悉求职渠道和网络平台，掌握就业政策，在择业观上进一步解放思想，树立信心。深入调查摸排，通过设立社区劳动保障工作平台或网络平台，以召开社区就业问题恳谈会和企业人事座谈会、获得驻区企业和爱心企业家赞助等方式，广泛收集就业岗位，及时掌握企业和中小商家所需人才、岗位及数量变动情况，充分利用市场化的互联网+求职平台，拓宽就业面和就业范围，细化就业匹配的对接机制，使得人尽其才，各得其所。

同时，伴随着城镇化的发展，服务体系日益完善，居民对社区服务水平的要求也不断提高，街道本身提供的服务岗位都可以就近吸纳相当可观的失地农民。发展街道服务对失地农民的就业问题具有很重要的意义。课题组在调查中发现在受访工业园区的大多数社区，都有类似的本地失地人员以“土地换岗位”到服务中心或相关机构上班，服务中心通常先对其进行培训，再让他们从事各类基层服务工作。

(3)构建鼓励创新创业的政策氛围和援助体系。

农民自主创业是一个较为艰难的过程，往往受限于农民较低的文化水平，而且农民在创业往往会存在资金不够、信息不足、行业受限的情况。但是，随着国家提出“大众创业、万众创新”的战略行动，社会应该尽量为他们提供创业的机会。鼓励农民创业首先要改变他们的就业观念。进行培训和讲座，对有创业倾向的农民进行科学系统的训练，培养他们的创新精神和开拓精神，引导其从事具有优势的农副产品物流、深加工、销售、进出口贸易和小商品、手工制品、地方特色工艺品等的生产、加工和批发零售业务等。政府应该依据群众的需求在政策上对他们给予实际支持，并协商银行等金融机构向他们提供较低利息的中小额贷款，通过构建普惠金融体系和合法规范的民间信贷互助体系来支持创业和兼业，把新型城镇化中的产业聚集、产城融合发展等重要战略与就地就近解决就业结合起来，保障青壮年农村劳动力有序转移和妥善安置。

(4)优化农民的就业培训体制和方案。

农民由于先天环境问题，自身的文化素质相对较低，当他们改变自己的务农行业从事非农工作时，就业培训和援助体系则显得十分必要。为解决农民兼业尤其是失地农民的就业问题，需要建立完善的就业培训体系，在资金供给、人才培训、项目推荐、信息共享等方面帮助失地农民解决实际困难。在第二产业和第三产业迅速发展的时代，可考虑将富余劳动力转移到较为空缺劳动力的行业。每个行业的情况是不同的，而政府机构具有信息量丰富的优势，可以更好地把握就业市场的需求和发展动态，有效避免了劳动力的闲置与错配。甚至，政府也可以主动和一些企业、技校或社会组织直接合作，有针对性地举办一些从事第二、第三产业的技术培训班和实训基地，以提高市场竞争能力和就业能力。在湖北省的基层实践中，在区域建立规模较大的成教中心和培训基地，按市场的需求或行业的招聘需求，根据订单的类型开展各种各类的技能培训和短期实操培训，也是一条切实可行之路，能够吸引劳动密集和资本密集的企业进驻。

(5)以"文"化人转变就业观念。

在课题组的调查中，发现一些农民由于其自身素质的原因，择业观念陈旧，不敢去尝试新的行业，存在着落后的就业观。就业观念的改变需要他们不断地接触新的、正确的思想与价值观念，发达地区的先进理念和成功故事，本地致富人物的现身说法往往具有较大的教化作用。可以通过新闻媒体宣传介绍一些农民脱贫致富或成功从事非农工作的消息，打造一些具有公益性质的培训机构或就业信息机构。通过一些实际的例子，让农民朋友对自己抱有信心。改变农民的就业观念，解决他们的就业问题，需要开阔他们的视野，改变他们思考问题的方式，提高他们的自身素质和市场竞争力。

(6)从增加就业满意度的角度来调整就业策略。

第一，就业满意度的主要影响因素是与工作直接相关的因素。我国劳动力市场存在明显的分割现象，具体表现在城乡差异、地区差异、单位性质差异、行业差异、岗位差异等方面，这些差异造成了显著的收入差异。能够进入主要劳动力市场的毕业生就业满意度普遍较高，而只能在次要劳动力市场就业的毕业生就业满意度较低。建立公平、公正、竞争的劳动力市场，通过改革不合理的制度因素缩小收入差距，有利于提高毕业生的就业满意度。户口和档案对毕业生的就业满意度有显著的影响，因此政府应该进一步放开高校毕业生的户口限制，增加毕业生就业的流动性。同时，制定更有利于毕业生的档案管理制度，让毕业生不再分担档案存放的成本。

第二，加强就业服务体系的建设。需要进一步加强社会性的就业指导和职业规划教育，提升供需匹配，提高就业质量。规范的网络平台是公平性和竞争性更强的求职渠道，以这种求职渠道获得工作机会的就业满意度一般更高，因此应该进一步完善和加强网络就业渠道的建设、规范和服务水平。

第三，关注就业弱势群体，努力提高他们的就业能力。课题组曾经开展的相关研究表明，女性、少数民族、专科学历、学习成绩差、没获得过奖学金、非党员、没担任过学生干部、没获得英语证书、来自低收入家庭、父母平均受教育程度低、家庭社会关系缺乏、非重点大学的大学毕业生，通常难以找到“满意度高的工作”。因此高校和社会都可以开展各项专职帮扶活动，有目的地提高特殊人群的综合能力，在此基础上，政府可促成高校和一些企事业单位开展联谊活动，鼓励更多的学生参与到活动中，值得注意的是要协调好人员，让每个学生都能有机会参与到活动中。

（7）构建公平法治社会，促进公平就业。

第一，要努力实现教育公平。创造尽可能均衡的接受教育的条件，是实现社会公平的底线，也是促进社会和谐的必要条件。教育公平包括教育机会公平、教育过程公平和教育质量公平。要从区域公平开始，在投入导向上，教育资源特别是义务教育阶段的教育资源应向处于弱势的地区和人群倾斜；要合理分配有限的教育资源，改变以往教育资源过于集中投向少数重点中小学和大学的局面；制定优惠政策，保证贫困地区的师资；政府要加强监管和评估，并防止教育资源浪费；让无论贫富、不分地域的人都能站在同一起跑线上，保障受教育者的权利，保障教育均衡发展。

第二，保持竞争环境的公平公正。相关部门要努力为弱势群体疏通向上流动的通道，使其在社会阶层之间实现良性流动。大力规范就业市场，形成公开的毕业生就业信息环境；要建立竞争机制，尽量减少人情因素，坚持公开公平、竞争择优的原则，让毕业生们凭个人才能就业；对利用职权干扰公平公正就业竞争环境的腐败行为进行严肃处理；应尽量减少不必要的就业成本，如为贫困毕业生与用人单位搭建交流平台，采用网上招聘，建立视频面试室等办法降低求职成本，还贫困大学生一个公平的竞争机会；号召大学生到西部去就业，应该给一个宏观的政策吸引学生到西部创业，采取一些切实可行的优惠政策，彻底消除弱势群体的后顾之忧，让其充满信心地到基层工作，为毕业生就业创造一个良好的竞争环境。

第三，建立保障公平就业机会的法律或法规。实现就业机会公平是一项系统工程，这不仅需要良好的政治、经济、社会、文化的环境，更要有一个公正、公平的法律做后盾。只有当各种身份和家庭背景的求职者在招聘、录用以及劳动合同的签订、执行等方面处于平等的地位，并且这种平等地位能够得到相关法律的支撑，这个特殊的人力资源才能通过公平竞争得到合理配置，并通过对就业领域的规范，在全社会树立一个追求平等、公平、公正、法治的价值观念体系。

第四，提高弱势群体的就业竞争力。包括社会、学校的帮助和弱势群体自身的努力。社会对弱势群体的救助，要拓宽救助领域，为弱势群体提供能力救助，增强他们获取资源的能力。高校要通过有效利用社会和行业资源，创建资源互补、社会与贫困大学生双赢的见习合作体系，为弱势群体创造校内外实践、勤工助学、技能培训的机会，如成立专门的由弱势群体组成的社团、对与就业密切相关而弱势群体相对弱的普通话、计算机、英语水平等进行专项培训，提高其就业技能；提高就业竞争力的关键还在于弱势群体自身，弱势群体要自立自强，正确认识贫困、正确认识自己，克服自卑心理和“等、靠、要”的思想，不断加强自身修养，努力提高素质和能力。

5.4.5 就业政策调查小结

农民的就业问题就是快速城镇化中必须解决的难点问题。要妥善解决农民尤其是失地农民的就业问题，就必须进一步贯彻国家增加就业的有关战略部署，优化现有的就业政策，既大力发展地方经济，提供和开发更加多元化的就业岗位，也需要转变就业思想观念，鼓励农民积极走出去，根据自身特长进行创业。需要加大政策扶持力度，建立城乡一体化的劳动力市场，加大短期培训力度，增加就业信息的供给和衔接，提高中青年农民的劳动市场竞争力。地方上要创新社会基本保障体系和方式方法，保持经济转型期的社会稳定。

就在本报告即将提交的前夕，2015 年 10 月 31 日湖北省政府发布《关于进一步做好为农民工服务工作的实施意见》(鄂政发〔2015〕67号)，提出到 2020 年，新增转移农村劳动力 275 万人，每年开展农民工职业技能培训 100 万人次以上，实现未升入普通高中、普通高等院校有意愿的农村应届初高中毕业生都能接受职业教育。全面落实中等职业教育农村学生免学费政策和家庭经济困难学生资助政策等。该文件还提出了切实保障农民工劳动报酬权益的若干政策措施。本调查报告是独立进行的，但提出的某些建议在该报告中也多有反映，这也从一个侧面说明这份文件既贯彻了国务院有关文件精神，也充分考虑了未来 5 年湖北约 500 万新增农业转移人口的实际情况，是顺民心闻民意的一项好政策，希望基层能切实予以贯彻。

5.5　基本保障篇

随着我国各种基本保障体系的建立和完善，让群众得到了实惠，让弱势群体看到了希望，社会主义的体制优势逐渐体现出来。然而，由于各地发展的不平衡、保障体系不牢靠，实际执行中面临制度漏洞和资金缺口等问题，整体上并没有取得政策预期效果。总体上看，单方面的改革已经不能从根本上解决问题，需要统筹兼顾地深化一系列改革举措。群众对此类政策改革抱有极大希望，关注度排列全部政策板块的第一位（详见图 2-12 和图 2-13）。为此，课题组在某国家级工业园区进行专门调研，以下是该板块的调查结果和政策建议。

5.5.1　基本社会保障政策需求现状和对策

由表 5-8 分析可得，55 岁以上居民对基本社会保障的了解程度以一般了解和比较了解为主，各占 40.4%和 32.7%。说明中老年人相对于 25 岁以下的年轻人对社保政策的了解还是比较充分的，只有一成左右的老年人不太了解政策信息。

表 5-8　　群众了解基本社会保障政策的情况
（基于受访者年龄的交叉分析表）

		受访者年龄				合计
		25 岁以下	25~35 岁	36~55 岁	55 岁以上	
完全不了解	同类认知情况占比	61.1%	19.4%	19.4%		100.0%
	同类受访者占比	7.3%	2.9%	2.6%		4.2%
不太了解	同类认知情况占比	45.8%	22.6%	28.0%	3.6%	100.0%
	同类受访者占比	25.7%	15.8%	17.4%	11.5%	19.5%
一般了解	同类认知情况占比	35.5%	27.7%	30.6%	6.1%	100.0%
	同类受访者占比	41.0%	39.8%	39.3%	40.4%	40.1%
比较了解	同类认知情况占比	23.8%	33.6%	35.7%	7.0%	100.0%
	同类受访者占比	19.3%	34.0%	32.2%	32.7%	28.3%
很了解	同类认知情况占比	29.0%	26.1%	33.3%	11.6%	100.0%
	同类受访者占比	6.7%	7.5%	8.5%	15.4%	8.0%
合计	同类认知情况占比	34.8%	27.9%	31.3%	6.0%	100.0%
	同类受访者占比	100.0%	100.0%	100.0%	100.0%	100.0%

(1)基层社保政策实施中存在的问题。

传统的模式中，农民主要是依靠土地获得收入，但随着城市化进程，大量农民失去了土地，虽然有补偿，但是与要缴纳的费用相比，还是有很大差距。一方面，农民失去了土地，子女大多离家务工去了，使得农民在精神上老无所依。另一方面，对很多的农村老人来说，经济上无力负担这么大的费用，同时对政策了解少，对政府或干部缺乏信任，农民不敢大量投入钱，怕没有回报。而且社保体系并不健全，很多老人反映虽然参加了医疗保险，但是还是无力承担大病的医疗费用，课题组在走访中遇到一个五十多岁的刘姓老人，进行以下对话：

问：您为什么不愿意参加养老保险？

答：参加养老保险需要补交以前的社保，加起来有四万多，我承受不了这么大的经济支出，而且我身体不好，我要留着钱以防万一，现在都看不起病。①

大多数人对城乡居民养老保险制度的具体内容并不了解，更倾向于自己存钱或买房养老或者依靠子女。同时存在个别基层干部违规操作的情况，一些农民对制度预期缺乏信心。一些农民反映国家精神好、政策好、文件好，但是落到老百姓身上的实惠少，获得感不明显，在最后“一公里”“一百米”上出现了问题，堵塞了好政策好精神的落地生根，阻碍了政策举措的顺利实施到位，甚至群众中有人说出“大官如父母，小官如老虎”的言论，令人唏嘘不已。

心理因素和社会因素方面，青年与中年人对养老保险比较支持，有足够的时间和精力参与保险，而普通农民除新农合(或合并后的居民医保)外往往无力参保，对纯商业保险更是难以购买。青年外出务工后，留守老人往往得不到很好的照顾，生活水平低，不少处于自生自灭的状态，且适合老年人娱乐休闲的基础设施少，老人生活单调乏味，容易产生孤独感、失落感，新型婆媳关系、父子关系不适合老年人传统心理等，在一些农村经济欠发达地区甚至出现了老年人自杀率上升的趋势。失地农民既没有土地，如果因资金不到位的原因也没有购买相应的养老保险，生活变得相当窘迫。由于住房改革以来，房价一直处于上升通道，较高收入的城市居民通常采用“以房养老”的方式。一些地方政府

① 见课题组 2015 年 7 月 7 日在 T 市的访谈记录。

也曾经出台鼓励"购房养老"。但"以房养老"可以通过继承、投资来实现，我国现有的制度安排已经可以实现且还出现了"囤房"的情况，因此不需要特别的政策干预。房子当然可以用来养老，"一房养三代"，用于补偿退休收入的下降和医疗看护费用的增加，这是住房的恒久性、锚定性等基本属性决定的。囤房养老在现阶段甚至是居民因投资或克服通胀而主动采取的行动。但是，鼓励以房养老不如发展和完善保险业务，由保险公司进行市场化操作。比如建立养老社区，提供养老服务。由于老年人活动半径变小，不需要特别大的房子，人均15~30平方米就可以了，也不需要特别多的房子用于自己居住。老人一般喜欢群居而非独处，当然希望公共空间大一些，比如公园游园、康乐中心、菜场超市等。这是需要政府利用公共规划和公共政策来进行干预的。为现有社区建立高速互联网络和应急设施也是一种办法，可以降低老人进行群体交流和与亲属交流的成本，也有利于人口分布的扩散平衡。

由于养老问题和青壮年劳动供给、儿童照料等社会工作密切相关，除了完善养老保险以外，社会迫切需求建设"以居家为基础、社区为依托、机构为补充的多层次养老服务体系，推动生活照料、康复护理、精神慰藉、紧急援助等服务全覆盖"，推动城镇社区"加快推进住宅、公共建筑等的适老化改造"。我国的人口结构正在经历一个巨变，老龄化的速度比原来预测的要快许多，老龄化问题从一个中长期问题演变成需要立即着手解决的新问题。目前我国60岁以上老年人数量已超过2亿人，相当于全球人口大国巴基斯坦或巴西的总人口，而且现在每天有2.5万人迈入老年，改革开放以来社会负担系数(老人和儿童占总人口的比例)持续下降的趋势已出现转折①，劳动力短缺和养老社会服务缺

---

① 李培林:《着力解决全面建成小康社会的民生"短板"》,《求是》,2015年第7期。

乏的情况日趋紧张。依据我国人口结构的变化开展适应老龄化、高龄化社会的软硬件设施改造，当前尤其需要激活和引入各方面资源来共建，抓紧时机建设覆盖全国城乡的社区居家养老服务设施，更新改造普通社区形成“适老社区”或“老年宜居社区”，推广形式多样的互助养老模式，大力发展市场化和半市场化的养老服务业和辅助支持系统，建成无缝覆盖的居家呼叫应急网络平台和应急救援服务信息中心，完善老年人尤其是中低收入高龄人口的优待政策，形成全社会关爱老年人的社会氛围和友善风气，到 2020 年初步形成以居家养老和就近社区养老为基础，以机构养老为补充，医养结合的现代化养老服务体系。

在湖北省武汉市江汉区某街道进行的一项社会调查表明，老人的社会需求主要集中在医疗、配餐、文体活动和家政四个方面。其中医疗服务是关键，42. 33%的老人需要就近医疗，17. 99%的老人需要医疗卫生保健宣传服务，17. 25%的老人需要出诊服务。需求第二位的是希望得到经济实惠的配餐服务，希望能就近享受到高质量高性价比的食堂配餐或上门送餐服务，高达 75. 63%的老人需要中餐服务，三餐都需要的老人也达到 39. 08%。文体活动方面，有 21. 92%的老人希望参加健身活动，对麻将、棋牌、戏曲、声乐舞蹈、书法、读书看报、法律心理咨询活动的需求也比较普遍。家政方面有 33. 11%的老人需要保姆或清洁服务，对买菜做饭、管道疏通、家电维修、水电维修也存在经常性的需求。但上述需求由于老人只能或只愿意承担较低的价格(样本统计中月收入 2500 元以上的老人仅仅占 21. 70%，有 19. 2%的老人属于低收入或低保户家庭)，对社区养老院的收费 62. 90%的老人希望是 2000 元以下，只有 0. 58%的老人选择 2000～3000 元这个档次。① 由于该街道 60

① 来源：中共江汉区委政研室、江汉区人民政府研究室编：《2015 年度江汉区领导干部调研论文集》，内部材料，第 171-172 页。

岁老人占总户籍人口比例已达到22.6%，构建以老人需求为导向的居家养老与社会养老相结合的服务体系已成为社区的重点工作，基层也呼唤在社区养老照料体系上得到政策倾斜扶持和获得财政经费、爱心企业、慈善组织的更多支持，希望得到社会各界尤其是专业大型医疗机构、国有保险公司、大型社会福利院、大型志愿者组织的业务指导和服务产品、服务网络上的共享，切实提高老年人生活质量和“小康”生活获得感。

调查中还有部分群众反映相关制度跟不上经济社会的快速发展，加上一些基层干部的权力没有规范运用，不时发生截留政策红利，隐瞒政策信息，办事缺乏透明公开，损害侵害居民或农民应得利益的事情，尤其是教育水平比较低的农民或外出的农民工往往又没有能力反映情况或获得方便合适的上诉或投诉渠道，使得很多便民、惠民、利民、助民的政策并没有达到预期效果。

(2)针对基层社保政策供给的建议。

一是加大宣传力度，就政策内容进行详细解读。针对农村居住分散，人口文化素养低的情况，派社区或村委会的相关人员入户讲解，广泛利用当地媒体和宣传栏图文并茂介绍发布政策信息，增强政策文件公开透明度，避免暗箱操作和截留隐瞒政策信息。

二是加强对基层权力的监管，建立健全相关的法律制度。加强对底层百姓进行法律援助，倡导利用法律武器保护老百姓的合法权益。在这个方面，基层干部发挥着关键性作用，一方面要加强对基层干部的思想教育、政治素质培养，加强解读和宣讲政策，另一方面也要严肃纪律，狠抓政策文件落实。

三是养老保险的覆盖面要做到应保尽保。2016年1月，国务院发文要求将城镇居民基本医疗保险和新型农村合作医疗两项制度，整合为统一的城乡居民基本医疗保险制度。在新政策中，提出了六个“统一”：

也就是统一覆盖范围、统一筹资政策、统一保障待遇、统一医保目录、统一定点管理、统一基金管理。这样就将城乡居民的基本医疗保障体系整合为一体，城乡居民并不因户籍登记的不同而享受不同参保缴费比例和享受完全迥异的待遇，所有居民能够更加公平地享有基本医疗保障权益。这是一项弥补城乡二元化差异的重要改革举措，受到了农村居民的欢迎。当然在湖北基层的调研中，课题组也发现存在一批 50 岁以上的失地农民(通常原来拥有的土地总面积较小、区位较差、地上没有什么附着物等，土地征收后补偿费用比较低)，其处境相对比较尴尬。一方面，没有能力或意愿缴纳养老保险费用，担心缴费后得不偿失或因一次性补缴费用过高而无力承担；另一方面，在土地被征收征用以后也没有赖以生存的土地作为依靠。针对这种情况，地方政府确实应该按照李克强总理在 2016 年的政府工作报告中所说："为政之道，民生为本。我们要念之再三、铭之肺腑，多谋民生之利，多解民生之忧"①，想方设法筹资去保障或增加对中老年无地贫困居民的养老保险补助，切实保障这一类居民的基本生活和基本养老，使得其能够真正融入城镇化进程中，更加公平享受到基本的公共服务和社会关怀。

5.5.2　基本医疗保障制度需求现状和对策

目前，大部分统筹地区已经或正在将城镇居民医疗保险和新型农村合作医疗制度整合为城乡居民医疗保险。在此基础上，城职医保制度与城乡居民医保制度的整合将是未来我国医疗保险制度改革的方向。课题组从全民医保的内涵和基本要求出发，对城镇职工医疗保险与城

① 中国政府网：《厉害了 word 国务院！"医食住用行"都想到了》，http：//www.gov.cn/xinwen/2016-12/12/content_5146959.htm，2016 年 12 月 12 日。

乡居民医疗保险制度的整合问题进行理论思考，从公平、效率、可持续性和影响全民医保目标实现的角度剖析了制度分割所造成的问题，并进一步提出实现城镇职工医疗保险和城乡居民医疗保险制度整合的思路、战略重点与步骤，为我国医疗保障制度改革提供方向性的理论依据。

(1)医保现状存在问题及分析。

根据调查显示，该国家级工业园区的发展使得部分居民提前进入“农转非”阶段，当中基本医疗保障制度产生了不少问题，其中关于居民医保与新农合问题的衔接，主要涉及到参保人群的交叉覆盖问题、筹资方式以及保障范围与水平问题。

首先来看看覆盖问题，城职医保的覆盖对象仅限于城镇正规就业职工；而城镇居民医疗保险和新农合所覆盖的人群是非正规就业的人群。2003 年出台的新农合的覆盖对象是广大农村居民，2007 年出台的居民医保的覆盖对象为不属于城职医保制度覆盖范围的学生、少年儿童和其他非从业城镇居民。可见，城职医保制度和城乡居民医保制度覆盖人群的划分主要以是不是正规就业为标准的。

其次，就筹资方式和筹资水平存在的问题来看，随着国务院办公厅日前印发国办印发了《深化医药卫生体制改革 2014 年工作总结和 2015 年重点工作任务》(下称《任务》)，在 2015 年重点工作任务当中第一项谈的就是公立医院改革。

依照《任务》规定的目标，2014 年城镇居民医保和新农合人均政府补助标准将提高 40 元，达到 320 元，个人缴费同步新增 20 元。有分析指出，依照 2013 年的参合人数，理论上，此次城乡居民筹资水平上提 60 元，将为医保带去超过 600 亿元的扩容资金。当然，由于一些发达地区的筹资水平已经明显超过 340 元的底线，此次标准上提，具体会产生多少增量，还有待进一步分析。依照新的筹资标准，2014 年，各级财政对城镇居民和新农合的补助标准从每人每年 280 元提高到每人每年 320 元。此外，参合城乡居民的个人缴费水平原则上也相应每人提高 20 元。也就是说城乡参合居民的人均筹资水平将提高 60 元。但是仍然比不过五年前的全国城职医保的人均筹资额 1666. 51 元，可见，虽然城乡居民医保享受政府财政补助，但由于城乡居民的收入有限和政府补助不高，城乡居民医保的总体人均筹资水平远低于城职医保。

医疗保险的保障水平主要体现为报销比例，城职医保的住院医疗费用报销比例总体为 70%左右；新农合目前平均报销比例为 36%，在中西部县和乡为 50%或更高；城镇居民医疗保险住院费用报销比例在 50%左右。由此可见，三者之间的保障水平差异仍然较大，城市职工保障制度和城乡居民医疗保障制度的分割损害了社会公平，影响了办事效率，不利于医保制度的可持续发展，阻碍了全民医保的实现。

(2)妥善解决群众医疗问题的政策建议。

社会医疗保险是保证社会成员公平享有基本医疗服务，促进全民健康水平提高的重要手段，但医保制度实施上的阶层和身份差异，造成社会医疗保险在收入再分配上呈现从低收入者向高收入者转移的“逆向分配”情况，严重损害了社会公平。建议：一是要着力提高医疗保障水平和能力，继续提高城乡居民医保的筹资水平，而且在不发达欠发达地区的提高幅度应比较大；二是全面推行城乡居民大病保险，着力解决好群众得大病后负担重的问题；三是加快推进医改，特别是公立医院和医药销售领域的改革，进一步破除以药补医的机制，建立维护公益性、调动积极性、保障可持续性的新机制；四是加强对医疗机构的监督管理，特别要推进临床路径和诊疗的规范管理，对高额的医疗费、贵重的药品和高值耗材实行监控；五是要努力解决降低药品价格虚高的问题，推进药品采购机制的改革，规范药品集中采购，探索建立创新药品的谈判机制。

5.5.3 关于基本保障政策需求方面的小结

总体而言，应探索制度衔接转移办法，需要突破身份限制，以“可选择、可转移、可衔接”等为实施要点，设立专项通道，实行有差额的年限认同和待遇享受机制，实现基本医疗保障制度的有效衔接；需要科学设计保障模式，合理确定医疗待遇水平；同时，课题组认为需要整合地方上的管理资源，逐步实现基本保障网格化的统一经办管理。而要实现这种衔接，打通福利社会的最后一公里，需要在具体操作上加大政策信息的有效供给，做好社保医保主管部门与群众的信息渠道和互动衔接，建立实用又方便的信息发布、查询和共享系统。

5.6 教育政策篇

百年大计，教育为本。教育是立国之本，民族兴旺的标记，也是一个国家文化软实力的支柱。随着社会经济的发展，国家、社会、个人对教育的关注程度不断增加。我国自 1995 年、2002 年先后提出科教兴国战略以及人才强国战略，科教兴国战略与人才强国战略逐步成为我国的基本国策，显示了我国把教育摆在优先发展的战略位置。邓小平曾提出教育要面向现代化、面向世界、面向未来。在这个知识经济时代，即知识密集型和智慧型经济时代，社会的发展，促使国家重视教育，社会办学风气不断浓厚，很多学校、培训机构应运而生；家庭教育观念不断增强，家长重视孩子学习成绩的程度不断增加。同时，社会的发展开拓了新一代人的事业，加速了人们追求知识的步伐。

教育涉及方方面面，在内容上，包括子女入学、学校收费、高考改革等问题；在类型方面，分为民办和公办两种；按入学地划分，可分为“就近入学”和“择校入学”。通过调研，课题组发现受访者的性别、年龄、身份、婚姻状况、户口性质以及家庭有无学生就读都会影响到其对教育方面政策的关注程度，同时随迁子女以及留守儿童的受教育的影响问题引起了课题组的重点关注，并就性别与家庭收入状况对子女受教育的影响问题进行详细分析。

5.6.1　教育政策实施中遇到的问题

(1)当地留守儿童受教育状况。

留守儿童在学习方面存在的问题主要是缺乏有力的监督。在学校可以受到老师的监督，但是回到家后由于父母不在身边，监护人没有这种监督的意识，且大多数留守儿童的自我管理、自我学习能力不高，所以很多留守儿童的学习成绩并不好；其次，对于低龄的、家庭住址偏远的留守儿童来说，存在着放学与接送的时间差问题，并且由于留守儿童没人接送，在自己回家的过程中，容易相互之间产生矛盾或者受到来自其他方面的威胁，所以留守儿童的人身安全问题成为一个潜在隐患。

(2)农民工随迁子女的受教育状况。

农民工随迁子女的受教育问题一直没有得到有效的解决，主要表现在三个方面：一是户籍制度的限制导致很多随迁子女入学难；二是学籍制度的差异成为升学考试的阻碍，尤其是高考，随迁子女必须回原住地考试；三是投入制度的不同带来的入学费用标准的不同加剧了教育的不公平。该工业园区在近年来，通过不断招商引资，吸引了大批企业落户，目前已经有 50 多个企业，总人口已接近 3 万人，其中包括很多外来务工人员及其子女。杜湖社区居委会负责人向课题组介绍说：社区内常住人口 2630 人，700 多户人家，流动人口多，以学生和园区职工为主。由此看来，社区内的学校招收的学生群体很大一部分是农民工随迁子女。

5.6.2 不同群体对教育政策关注程度的差异

(1)受访者户口的影响。

从表 5-9 可以看出城镇户口居民相对于农村户口居民比较了解教育政策，反映出城镇的教育政策更加公开透明，家庭和学校之间的沟通互动比较容易和频繁。而农村地区有近 3 成的受访者不了解或不太了解教育政策，说明农村地区对国家教育大政方针的说明和发布，在基层贯彻实施方面仍需要加强。从表 5-10 可以发现，男性和女性对教育的关注程度非常接近，这可能与中国社会和家庭高度重视子女教育有关，与当今时代有关。随着科教兴国、人才强国战略的实施以及知识经济发展的需要，大多数人希望通过学习改变命运，不断提高自身素质，这都会在无形中增加对教育和相关政策的关注，这是中国文化中非常可喜的一面。从均值看，家庭有中小学生和大学生的居民显然更加关注教育政策。

(2)家庭收入因素的影响。

一般的猜想，可能认为收入较好的家庭对教育的关注程度比较高，而收入偏低的家庭则可能不怎么关注教育。但在实际的调研中，课题组发现家庭收入状况与其对教育的关注程度并没有明显的相关趋势(见表 5-11)。这主要是因为义务教育的普及，社会重学风气的形成，不管是家庭条件好的，还是一般情况的，或者是收入比较低的，都非常重视子女教育问题。因此任何有关教育制度改革的说法和举措都会引起社会的极大关注，必须认真调研和试点后才能推出。

表 5-9　**基层群众教育政策了解情况(基于受访者性别的交叉分析表)**

		家庭户口性质		合计
		农村户口	城镇户口	
完全不了解	同类回答各性别占比	58. 5%	41. 5%	100. 0%
	同类受访者占比	6. 3%	3. 5%	4. 7%
不太了解	同类回答各性别占比	52. 4%	47. 6%	100. 0%
	同类受访者占比	25. 3%	18. 3%	21. 4%
一般了解	同类回答各性别占比	41. 2%	58. 8%	100. 0%
	同类受访者占比	35. 4%	40. 2%	38. 1%
比较了解	同类回答各性别占比	41. 1%	58. 9%	100. 0%
	同类受访者占比	26. 6%	30. 3%	28. 6%
很了解	同类回答各性别占比	40. 3%	59. 7%	100. 0%
	同类受访者占比	6. 5%	7. 7%	7. 2%
合计	同类回答各性别占比	44. 3%	55. 7%	100. 0%
	同类受访者占比	100. 0%	100. 0%	100. 0%

表 5-10　**基层群众对教育政策了解情况**

(基于性别、家庭有无学生的均值分析)

	均值	N	标准差
受访者性别为男性	3. 1087	515	1. 02868
受访者性别为女性	3. 1396	351	0. 90737
家庭有大学生	3. 1798	506	0. 97355
家庭无大学生	3. 0389	360	0. 98662
家庭有中小学生	3. 1503	439	0. 93642
家庭无中小学生	3. 0913	427	1. 02485
总　计	3. 1212	866	0. 98090

表 5-11　基层群众对教育政策了解情况(基于家庭收入的交叉分析表)

		家庭收入状况			合计
		收入偏低	收入中等	收入较好	
完全不了解	同类回答各情况占比	36.6%	51.2%	12.2%	100.0%
	同类受访者占比	5.5%	4.1%	5.7%	4.7%
不太了解	同类回答各情况占比	42.7%	47.6%	9.7%	100.0%
	同类受访者占比	29.2%	17.3%	20.7%	21.4%
一般了解	同类回答各情况占比	29.7%	61.5%	8.8%	100.0%
	同类受访者占比	36.2%	40.0%	33.3%	38.1%
比较了解	同类回答各情况占比	26.2%	62.5%	11.3%	100.0%
	同类受访者占比	24.0%	30.5%	32.2%	28.6%
很了解	同类回答各情况占比	22.6%	66.1%	11.3%	100.0%
	同类受访者占比	5.2%	8.1%	8.0%	7.2%
合计	同类回答各情况占比	31.3%	58.7%	10.0%	100.0%
	同类受访者占比	100.0%	100.0%	100.0%	100.0%

5.6.3　教育政策存在问题的原因分析

(1)随迁子女方面。

①户籍制度贯彻执行不理想。

虽然户籍制度改革已经推进，但基于各种社会经济条件，各地执行贯彻情况不一，导致很多随迁子女在就近入学时受到不公平的对待。究其原因，主要是有两个方面：一是各地的本土意识强烈，存在着排斥外来人口的现象，本地人口对随迁子女教育问题比较敏感，在升学指标一定的情况下会加重本地考生的升学压力；另一方面，户籍制度存在缺陷，尤其是在北上广发达地区，户籍制度管控较严，随迁子女不能就读质量很好的学校，教学设施以及教学质量并不是很高，享受不了高等素质教育。加之，随迁子女大多来自家庭特别普通的农村家庭，在学习的很多方面都跟不上城市教育的步伐，所以，从这个层面来讲，随迁子女受一定的限制。

②户籍制工作变迁频繁导致子女受教育不连贯。

由于工作的需要，很多父母不得不转换工作地，随之带来的即是子女转学问题。而转学便面临着教师的教育教学方式、教材的使用版本以及考题设置的不同，甚至出现有的孩子因为转学不适应而留级的情况，导致其受教育不连贯，这严重影响随迁子女的学习兴趣和学习进度。

(2)留守儿童方面。

①缺乏父母关怀。

在T市杜湖社区的一所暑期幼儿托管所中，首先，在无人看管的情况下，留守儿童同龄人之间容易产生矛盾但得不到合理解决，其次就是在放学时存在着一个接送的时间差问题，很多留守儿童可能会独自回家，这种情况在农村地区尤为常见。父母双方或一方长期在外务工，导致留守儿童的业余时间被电视、游戏机、手机占用，普遍缺乏阅读和与亲人欢聚的机会，让重视家庭家教家风的优秀传统文化实施起来比较困难。

②缺乏父母督促。

一般来说，留守儿童的监护人大多是年龄较大的家庭成员比如爷爷奶奶，由于监护人员受年龄、教育层次等限制，虽然老一辈人对教育的关注程度很高，但是面对教育辅导却无能为力。比如，在T市东北部某村的调研中，一些老一辈的人表示很希望自己的后代人能够接受良好的教育，但是面对其实际学习情况以及学习状态，却无法进行有效地帮助以及督促，感到非常着急和遗憾。父母相比老一辈人而言，会有更多精力以及方法来督促辅导孩子学习，但是又鞭长莫及。留守儿童的这种“放羊”状态容易导致东西部区域人口素质差异和教育代际不公平的现状难以改变。教育公平是社会公平的重要基础，教育公平促进社会公平正义，体现了社会主义的本质和价值追求，因此各级党委、政府和教育主管部门都必须坚守教育公平这一根本，让每一个孩子尤其是留守儿童和贫困家庭的孩子都公平地获得良好的义务教育，能够获得学习的机会。

5.6.4 深化教育政策改革的建议

教育涉及千家万户，义务教育和高招制度等事关社会公平，受到全社会高度关注。深化教育政策改革的关键是使其更加符合教育的规律、符合人的成长规律，真正体现制度公正、机会公平且运行透明有序。要以群众的利益和需求为中心，坚持目标导向和问题导向，始终在解决问题中推进改革，在解决问题中实现目标。例如上海市在高考综合改革试点上提出“要站在广大考生和家长的角度考虑问题，严而又严、慎而又慎、细而又细地做好各项工作。检验改革试点成效的根本标准，就是广大考生和家长的感受度。”市委书记韩正同志强调，改革越往深处，遇到的问题和矛盾就越复杂尖锐。如果我们不坚定改革的信心，不坚持通过改革解决发展过程中出现的新问题，那么过去的改革成果就会被逐渐蚕食、人民群众对改革的认同度就会降低。市长应勇同志指出，“要以习近平总书记在全国高校思想政治工作会议上的重要讲话精神为根本遵循，进一步统一思想、提高认识、找准问题，按照中央要求把上海的贯彻实施意见制定好。要紧紧围绕广大考生和家长对高考改革的获得感、满意度这一核心，考虑问题要全而又全，各种措施要慎而又慎，各项工作要细而又细”。① 这些讲话精神和要求都体现了既勇于直面问题、改革创新，又坚持依法行政、统筹兼顾、稳步推进的改革理念，值得其他地区借鉴。为此，笔者建议：

(1) 首先要落实好户籍制度改革。

影响教育政策实施的因素较多，不少因素可以说是“功夫在诗外”，有关部门在落细落小上还要下功夫。对于人口流入地的原住居民以及外来人口要进行思想上的沟通和疏导，使流入地干部群众在最大程度上接受外来人口及其子女，同时，外来人口也要打消心理芥蒂，不要产生自卑心理，做到平等和睦相处。其次，要加强社区小学基础设施建设，逐步提高社区公办小学教师福利待遇，打造高质量的师资队伍，使随迁子女也能受到教育方面的公平对待。最后，加强教师综合素质的培养，教师要做到教书育人，不仅要教会学生知识，更要教会学生做人，对学生的心理要重点关注。

(2) 增加农民收入，提高农民担负教育费用的能力。

经济问题是目前我国农民子女受教育难的首要问题。政府必须通过增加农业投入、减轻农民负担、调整农业生产结构等方式、方法千方百计增加农民收入，增强他们因教育体制改革、教育成本提高而带来的学费增长的承受能力。国家应实施农村贷款上学或采用其他形式的助学信贷制度。只有经济上的支持和保障，才能使农民及其子女接受各种教育培训的可能变为现实。

---

① 案例来源：上海市人民政府官网：《出台坚决措施维护义务教育公平正义 韩正应勇赴市教卫工作党委市教委调研》http：//www. shanghai. gov. cn/nw2/nw2314/nw2315/nw4411/u21aw1194565. html，2017年2月5日。

5.7 基层治理篇

发展社会主义民主政治，建设社会主义政治文明，是全面建成小康社会的重要目标，本调查涉及的基层治理板块主要包含社会主义民主和社会主义法治的相关政策理论，并以基层群众自治制度和法治政府、法治社会建设为主要调查范围。

5.7.1 基层群众对政治制度的认知现状

调查中课题组发现群众对基层政治的了解以及渴求度较低(如表5-12所示)，和土地政策并列认知程度最后两位，整体认知度水平在“一般了解”与“不太了解”之间。而基层群众对与其利益直接相关的生育政策、社会保障政策以及教育政策的了解程度比较高，认知度系数均达到了3以上，达到“一般了解”以上水平。众数、标准差与方差统计数据表明，基层群众对政治政策的认知程度更多的集中在一般了解与不太了解之间，且标准差与方差均大于1，可见基层群众对政治政策的认知程度因个体和基层不同而具有较大差异。

在问卷第十四题“基层群众对于各项政策的关注度”调查中，统计显示基层群众对社会保障方面的政策关注度最高(26%的选择比例)，相对来说对基层政治方面的关注度要低很多(14%的选择比例)，政治生活虽然与基层群众息息相关，贯彻生产生活的始终，但是基层群众尤其是文化水平和收入较低的居民从心理上仍觉得“政治”与自己的生活直接联系不大，所以了解度和关注度都比较低，相应的政策理论需求强度也比较低。

表 5-12　**基层群众关于各政策理论板块的认知程度均值分析**

		计划生育	土地	收入分配	就业	社会基本保障	教育	政治
N	有效	866	865	865	865	865	866	866
	缺失	0	1	1	1	1	0	0
均值		3.42	2.59	2.69	2.82	3.16	3.12	2.58
众数		3	2	2	3	3	3	3
标准差		0.979	1.021	1.025	1.020	0.969	0.981	1.035
方差		0.959	1.043	1.050	1.040	0.938	0.962	1.072

5.7.2　群众对基层民主自治体系的态度

(1)村民自治存在的问题。

1998 年，《中华人民共和国村民委员会组织法》的正式颁布，标志着农村基层民主建设的深入发展，是我国广大农民政治生活中的一件大事，在近二十年的发展过程中这一历史进程已经逐渐被人们接受并认可，但是这一历史性的改革在现阶段也存在一些问题。一是自治制度配套规范的欠缺。1998 年颁布实施的村民委员会组织法对村自治的原则、内容、形式及保障都作了明确规定，但这些规定大都是原则性的，可操作性不强。由于缺乏具体的与之相配套的制度及规范，导致村民自治作为一个基本的制度安排，在制度的设置和可操作性上显得过于粗略和原则化，在行为模式与制裁手段的规范上显得空泛。一些地方的自治制度，规范的合理性程度还较低。像任何事物的发展一样，村民自治的发展也是一个从低级到高级，不断优化完善的过程。

课题组在赴湖北基层调研的过程中，通过和社区里的几位村民代表进行深入交流，发现村民自治在实践中的问题表现在各个方面，如民主选举过程中出现的贿赂选举，恐吓候选人，甚至操纵选举等问题。在民主决策方面存在着村民会议不按时召开，村委会干部作风不良，决策不公开透明，少数人说了算，头面人物介入村务决策等问题。在民主管理方面存在着村民自治章程和村规制定不完善，内容不齐全，执行不力等问题。在民主监督方面存在着村务不公开，开支不合理等问题，自下而上的投诉难以解决问题，反而还会影响自身利益。

在观念意识上仍存在较大阻碍。中国有极为漫长的君主专制集权的历史，而无民主法制的传统与经验，农民习惯于被动接受自上而下的管理，习惯于对清官式政治的渴求，并把自己的命运寄托于清官统治上，在村民自治的实践过程中，村民往往对自治感到冷漠，无参与的积极性和主动性。在课题组的访谈过程中，有村民告诉课题组，他们觉得基层民主政治与他们关系并不大，是“当官的”应该注重的事情，观念还停留在以前的模式。

(2)居民自治存在的问题。

一是居委会、业主委员会、物业管理公司沟通不畅。随着住房私有化，特别是新兴商品小区的迅速发展，业主委员会和物业管理公司这两大社区管理主体在社区自治工作中的作用越来越重要。同时，居民委员会与业主委员会、物业管理公司这三个功能重叠的组织形式之间也面临着越来越多的矛盾与冲突。他们之间的沟通不够甚至没有沟通渠道造成与居民相关的物业管理问题，如维修住房、兴建公共设施等存在办事难，办事效率低的问题。

二是社区居民政治参与度低。居委会的生命力在于社区居民的积极参与，居委会与社区居民关系的最核心体现也是社区居民参与自治和有关活动，因为人是社区建设中的决定性因素。但是在课题组的此次调查过程中发现居民的参与度极低，他们对社区公共事务几乎没有任何兴趣。我国城市社区居民彼此间存在着一种严重的疏离感，居民对社区共同利益关心较少，社区意识不强，缺乏认同感和归宿感，习惯于“听上面安排”。而传统的参与模式过于狭窄死板，无法提高居民的兴趣。

(3)业主自治存在的问题。

作为一种新型自治组织，伴随着我国住房自有率的大幅度提升(户均拥有住房已达 1.22 套)，由业主选出来的业主代表大会和常设的业主委员会成为了物业管理的重要当事方，并在公共事务方面形成了和居委会(社区)、物业管理公司三方共管的局面。但现实中，围绕小区内外的一些公共环境和设施的管理出现了不少微观治理方面的问题，影响了社区的和谐稳定，也对居民生活造成了不便。下面通过若干案例的陈述和解析来说明业主自治体系存在的现实问题和实践探索。

案例链接 1：湖北武汉市某小区，部分居民对物业管理不满意，长期不交物业费，导致物业无钱交电费，最终电力公司断电，电梯停运，居民摸黑上下楼(这个对老弱病残居民更加不便)。后在政府部门干预下，物业公司垫付了一点钱，暂时送了电，但僵局仍在。

案例链接 2：湖北武汉市武昌区某住宅小区，业委会主任连任多年，委员也多一成不变，数年间物业公司换了几茬，可物业管理水平非但没上去，反而整体环境大不如前，封闭小区也变成半“开放”小区。后业委会主任自办物业公司，并在承担小区物业管理后从业委会辞职，原业委会成员在改选中则大部分留任。业委会和前物业公司还对簿公堂，业委会控诉物业公司存在卷走水电费、拖欠停车费分成等问题，物业公司反诉业委会吃拿卡要。

案例链接 3：湖北武汉市武昌区某大型小区，一位参选业委会的业主在 QQ 群内发出公开信，质疑业委会选举存在以下问题：(1)选票说明上明确表示可以只投 1 人，实际情况却是被强制要求选 5 人；(2)选票箱无人监管；(3)统计选票的时间安排不合理，大部分业主无法参加；(4)统计票数时未将所有选票进行唱票，未核实选票。并要求：

(1)重新进行选举；(2)选举应能真实反映广大业主的真实意愿，不能以各种方式限制业主表达意愿的自由；(3)选票统计应安排在周六或周日(具体以大部分业主自由时间为准)；(4)选票统计过程应安排唱票、核票、记录三部分，并将结果公示，公示通知应留联系方式便于业主反馈问题，公示至少1周，大部分业主无明确反对意见后方能生效。该公开信获得了不少业主的网络声援和行动支持。

案例链接4：湖北武汉市江岸区百步亭社区是全国闻名的文明社区示范点。该社区占地5平方公里，居住和生活着16万多人。规划将建成一个占地7平方公里，入住30万人的百步亭新城。社区坚持"以人为本、以德为魂、以文为美、以和为贵"的核心理念，做到"组织百步内建立、服务百步内到位、矛盾百步内化解、活动百步内参与"，创建了一个具有中国特色的和谐社区。中组部将"全面推广百步亭社区党委工作法"列为2013年工作要点。中央100多位部委办领导、全国各地、社会各界以及来自20多个国家的友好人士，120多万人次曾到社区视察参观。百步亭创建全国示范小区的治理经验主要体现为：以"人人参与社区治理，建设和谐家庭家园"为主题，健全组织网络，推行三方联动；开展文化活动，滋润群众心田；开展志愿服务，播撒友善种子；制定社区公约，完善居民自治等四个方面。社区以党建为引领，通过大型开发企业参与社区共建、物业管理公司融入基层治理体系、通过志愿者打通联系服务群众的最后"一百米"等创新举措，充分整合并发挥群团组织和社会组织作用，形成了较为完整的基层治理体系①。

案例链接5：湖北武汉市武昌区南湖街道的中央花园社区是一个

① 郑汝可：《陈一新赴江岸区调研 要求大力推广百步亭经验》，http://news.cjn.cn/sywh/201701/t2944307.htm，2017年01月09日。

建成20多年的老社区，社区内老人和贫困、边缘人群相对较多。该社区贯彻武昌区大力推进社区工作提倡的“民事民提，民事民议，民事民决，民事民评”的四民法则，充分发扬民主，动员居民参与社区建设，努力让居民自治，让居民做主人翁。该社区在南湖街的协调下建立了社区“三方联动”宣传栏、“三方联动”智慧云网站、网格服务站(网格门栋单元哨)、张淑静(系社区负责人)工作室、志愿者群落驿站、物业公司及社区服务便民秀场等，紧扣“三方联动”主体职责加强制度设计，按照南湖街制定出台的《南湖街小区服务管理“三方联动”联席会议制度》《社区书记主任例会制度》等六项制度，明确了“三方”主体职责义务。作为一个“新建老社区”，中央花园的电子监控设备是一块空白，经常出现车子被划事件。为了该小区装不装电子监控设备的问题，社区组织20多位居民代表、业委会成员、物业代表，展开了激烈的讨论。居民代表们各抒已见，陈述装监控设备的利和弊，从下午3点一直讨论到4点半，终于达成共识：安装电子监控设备。装设备所需的30万元从哪里来？经过一番激烈讨论后，中央花园社区书记最终促成居民代表们同意动用“公用维修基金”，但这一建议还要交业主大会表决，一家一家征求意见，如果2/3业主通过，将形成正式决议。目前该小区的监控已安装到位，2015年警情有明显下降。社区还组建了一支特殊的志愿者队伍参与到社区管理中来，组成了邻里协调“岔巴子”①、宣传造势“吹鼓手”、爱绿护绿“啄木鸟”、环卫督查“小管家”，每支队伍由9位热心社区环境、热心社区安全和发展的居民组成，社区还将他们的名字和特长公布到社区居委会的布告栏上，志愿者们干劲十足。社区通过以“网格+志愿者”模式做“强”网格，拉近距离，促进了邻里团结和谐安定，创建了一个

---

① 岔巴子系武汉方言，形容热心管闲事的人。

多元化治理小区的模板①。

综合上述案例，可以发现有如下问题亟待破解：

一是业主委员会正常履职存在困难。现有物业管理模式设计中采用的是委托-代理模式，其中一个重要环节就是通过民主选举产生业主代表大会和业主委员会，日常事务让业主委员会代替众多分散的业主进行决策，代表集体的共同意志，站在业主的角度向物业公司反映各种诉求，同时协调业主与物业公司之间的矛盾。一方面，从现行制度设计看，相关管理制度的制订与修订必须由至少三分之二的成员同意才能实施，也就是说业主委员会应该是由至少占全体三分之二的业主共同选举才能生效。但在实际操作中，受到入住率、业主的工作时间、个人对物管事件的关心程度、业委会成员的推选投票机制等各种因素影响，使得能直接参与到业主委员会选举活动的人员比较少，通常达不到"双过半"，有时只能达到业主人数的 30%—40%，且参与者和候选人多数是退休在家的中老年人，其代表性和公正性往往受到质疑。另一方面，按谁享受谁付费的支付原则，物业费用作为家庭的一般刚性支出，由家庭经济主要来源方中的中青年群体支出，他们本应该是物业服务的主要享受者和监督者，但由于沟通不及时、信息不对称等原因使其对于业委会的章程及工作内容往往不清楚，结果是一旦物业公司与业主发生矛盾，双方相互指责、莫衷一是，业主一方通常以拒绝交纳物业费为对抗方式，物业公司则以消极怠工、降低服务质量来应对，长此以往是物业公司因为收不齐物业费而无法根据合同约定提供全面周到的服务，物业管

① 案例综合了人民网：《武汉市武昌区南湖创新社区治理》，http://leaders.people.com.cn/n/2014/0709/c382918-25259680.html，2014 年 07 月 09 日；人民网：《武汉中央花园社区践行"三方联动"：装不装监控到议事厅说话》，http://www.chinadaily.com.cn/hqgj/jryw/2013-08-05/content_9772477.html，2013 年 08 月 05 日和中央花园社区现场宣传栏等材料。

理通常弱化为“保洁+保安”，或者通过同业间的恶性竞争谋取短期收益(如降低物业费标准的同时提高停车费标准，过量使用公共设施设立广告位、促销位、经营点；套取滥用公共设施维修基金；骗取挪用水电费和押金等)，不少业主为此虽是怨声载道却无能为力。造成这一现象的主要原因之一，就是物业合同的双方没有共同的信任基础，难以做到全面顺畅的沟通与了解，一旦业主委员会受到履职能力的制约，代表不了广大业主的利益诉求，甚至为了小团体的利益办事，就会加剧物业管理矛盾。

二是物业服务质量难以鉴定和评估。物业管理并不等同于管理物业，其本质是一种与人相关的服务。对综合性服务的质量进行评价通常都是困难的，一个住宅小区就是一个小社会，对一项涉及到日常生活方方面面的服务进行动态的客观的评价更是难上加难，这也就是业主(即物业的所有者和使用者)与物业公司之间产生矛盾的主要根源。例如由于业主自身文化背景、户籍年龄、工作性质、生活习惯、家庭收入、家庭结构、家庭人口、是否有车等差异性，其对服务的需求自然也就不可能统一，在这种情况下做出的服务质量评价通常是主观的，对同一服务主体的主观感受是完全不同的。调查中多位物业公司管理人员提到：无论如何尽心尽力地为业主服务，业主总是对服务报有各种各样的抱怨，物业公司很难做到让所有的业主都达到满意。但是否做到了让大部分人都满意，满意群体是不变的，还是变化的？要调节他们双方之间的矛盾，是应该仅从业主的角度出发，还是双方都要顾及？因此，仅用“满意度”一个指标来衡量服务质量、判别公司是不是违约？这是物业公司在运营过程中经常会遇到的问题，也是与业主的合法利益密切相关的。本课题组经过研究发现，在我国虽已初步建立了物业服务质量的评价标准，但没有支撑其正常运行的体制机制和技术手段是造成矛盾激化和困境的主要原因，如何构建和维护一个让双方都接受且能顺畅运行的平台是化解困境的一个重要途径，通过建立与双方无利益相关性的第三方公共平台来撮合交易、满足供需、调节矛盾无疑将是一个体现治理现代化的良好方法。

三是物业公司服务边界和职责权限不清晰。业主与物业公司的另一矛盾就在于，一方面物业公司总抱怨管理成本太高，物业费收入无法平衡必要成本，希望提高物业费标准或增加其他收费项目来源(如停车费、有偿使用公共文体设施、对外开展经营项目等)；另一方面业主不仅对物业公司的服务质量颇有怨言，对其非物业费的收入不透明并“拆东补西”“瞒天过海”的做法更加恼火。造成这一现象的根本原因就是现有制度安排中，对物业公司是否有公共设施的经营权，是否可以利用公共设施和场地进行经营活动界定不清晰。从法理或物权的本质上来说，物业公司应该行使的是小区管理权而非物业的经营权，对于一些公共部门同样也只有管理权，如果要对外进行出租或经营，应该得到全体业主同意，对于此部分的收益及支出也要详细地对业主进行披露。但实务中，物业公司总以收费不足、成本太高等理由热衷于对外利用公共设施或场地谋利，比如对外开放游泳池、网球场等文体设施，经营麻将室、培训班，设立临时占道摊点，有的甚至通过改造绿地、道路等拓展停车位、设立广告位、ATM机、自动售货机、外卖收货点等，其获取的利润通常只是年底进行简单的列示，不会向业主或业主大会提供明细。在物业服务质量不佳或下滑时，业主自然是怨声载道，进而愈加不满并拒绝交纳物业费。目前对物业公司非物业费收支情况和公共设施因经营而造成的过度损耗情况的日常监督，主要是依靠业委会委员的自觉。实际上，由于业委会委员的能力不足、人手不够或业委会自身缺乏监督被“收买”而难以发挥作用。

如何来衡量服务质量是物业管理模式运行的一个难点，同样的服务对不同的人来说感受是不一样的，在这种时候，如何建立服务质量评价的公允性就非常重要。公允性来源于会计中的公允价值计量法，即交易双方同时认可的价格就是公允的，在这里所谓的“公允性”是指，对接受和提供服务的供需双方来说，只要是公平透明地被双方所接受的就被认为是合理的。例如一个可能的解决办法是，引入第三方评价物业公司的服务质量，在评估节点上只要根据每期的网络调查统计数，按双方事前所商定好的触发方式自动达成交易(如只要有超过 75%业主满意物业公司提供的服务或低于 25%的业主不满意相关服务，就应该按期全额支付费用)，从而维持服务合同的有效性和连续性。这在一定程度上可以让物业公司与业主双方都有所依据。同时对于以偷逃物业费为目的而进行无根据恶意评价的业主，应相应建立投诉和举报机制，并扣除一定的信用积分。

四是存在若干“两难”问题。目前各地执行的 2007 版的《物业管理条例》和《实施细则》虽然对有关事项进行了原则规定，但是随着经济社会的发展，居民生活出现了新变化，小区物业管理相应出现了一些新问题。比如私家车的大量增加带来的停车位紧张；养宠物增多带来的公共卫生和安全隐患；公共文体设施和小区内经营设施的收益分配机制等。由于现有物业管理制度的缺陷或空白，有两类问题凸显出来，影响居民的安居乐业，也影响提升获得感和幸福感。一是不少老旧小区物业管理水平下降。在老旧小区，一次特殊事件引发的业主拒交物业费，会导致物业无法足额收费，物业此时只能降低服务水平，维持最基本的安保(少量门卫)和保洁(收垃圾)。当出现“拒绝缴费—拒绝继续服务—更多人拒绝缴费”的恶性循环和“囚徒困境”时，老旧小区会陆续出现严重的物业管理问题，由此带来的僵局会影响不少人的生活。政府机构(如街道)或社区可以出面解决一部分问题，但不是长久之计，也耗费大量行政成本。二是新建小区往往物业收费太高，给居民生活成本造成了较大压力。在新建或高端一点的楼盘，物业管理公司为了保持较高服务水平，必须收很高的物管费用和停车费(如果不能从业主那里收，那通常是从开发商那里获得了补贴或来自公共设施场地的“营业”收入)。这些多出来的费用是物业公司保护自身的一种办法，它必须假设物业费的拒缴率和业主违约率在未来会持续上升。高物业收费并不是物业管理市场化造成的，而是由于这个市场不够规范或没有良好的运作机制。为什么市场体系会不完善或不起调节作用，通常是因为“缺少公共行动创造的条件来使市场得以良好地发挥作用”。实际上，公共行动需要政府通过完善物业管理的组织方式和管理制度来进行市场干预。

总体看来，由于我国已形成了以户籍为标志的社区居民自治体系和以房屋产权所有为基础的业主自治体系并存的局面，两个体系与基层政府，其他社团、群团，物业、开发企业等多元化利益方共同构成了当代城镇社区的微观治理结构。这一结构因具有独特的政治、社会和经济功能，需要重建和探索合适的多元微观治理体系来维系其正常运行，保障社会的稳定、健康与发展活力，使得社区内多元化身份和来源的居民和群体、组织能够共有、共建、共享、共治整个社区，实现人与人、人与家庭、人与社会的和谐相处，保障群众乐业安居，使得社区成为国家和城市发展的重要基点和支撑。

民生无小事，物业管理涉及千家万户的日常生活。为了进一步规范物业管理工作，创造温馨舒适、安宁祥和的住宅小区，建议：

①地方政府应有顶层设计，根据新的情况及时修订《物业管理条例实施细则》或出台《城镇居民小区物业管理基本条例》，进一步厘清业主、业主大会、业委会、居民委员会(街道办)、物业管理公司和开发商的关系和权利。《基本条例》在物业管理问题上要管上述所有利益主体，能够对违反条例的行为产生约束力。

②业委会主任委员应有明确的任职期限，且通常只能连任一届，连选连任必须获得充足的理由和超过一定比例的选票。业委会委员在每个

任期需要更新总人数的30%~50%。

③竞选业委会成员的经费应由参选个人提供。参照上市公司独立董事制度，业委会中由第三方任独立理事。理事可以是执业律师、机关社区干部或人大政协委员等。没有人参选业委会或人数不足时，也可以由独立理事代理业主议事。

④业委会实行收支两条线，财务必须透明，报表必须规范，重大支出和决定事项可通过互联网或短信投票。业委会成员的补贴标准和费用报销应有详细规定，对公共设施的经营行为和收益支出应定期公示并接受有关部门（或独立理事）的监督。对业委会成员违反居民意愿以权谋私或存在违规活动时，应建立辞职和惩处机制。业委会换届应建立成员离任审计制度。

⑤特大型的小区应分成若干个管理区（例如超过500户或1500个居民），每个管理区选出代表任委员，委员任业委会的联合主任。小区规模超过两个管理区（三个及以上）的可设立主任委员会。

⑥物业按照建筑面积收费，那么在业委会决策上大户型业主是否应比小户型业主享有更多选票呢？如何协调无车业主、有车业主和有多台车业主之间的停车费和停车位问题呢？一般来说，本着公平的精神，无车业主应在业委会中占一定席位（物业公司和有车业主通常倾向于占用更多的道路和绿地停车，实际是对无车业主或租户的不公平），审定重大议题如停车费标准时，应有无车业主的参与。宠物的管理目前业委会和物业公司均处于弱势地位，难以对宠物的一些影响公共卫生和人身安全的行为进行有效干预。因此需要得到一定的授权，使得宠物管理“本地化”“法治化”。上述问题的解决主要依靠改善业委会的代表性和公正性，激活业委会委员监督日常物业管理质量的积极性和力度，其他相关管理制度也应在保障全体小区居民公平参与上有所改进。

⑦原则上每个业主应该和物业管理公司签订合同（或签订集体合

同），尤其是老旧小区，需要补签集体合同。有关部门应提供标准化的格式合同，并在签订后予以备案备查。

⑧建议参考商品房租房和淘宝交易信用机制。实行物业管理预收费，即业主应至少提前一个季度缴费，物业管理公司应缴交履约保证金。当双方出现争议时，有仲裁机制和维稳基金可以使用。

⑨引入第三方管理平台的设想。物业管理是社会治理末端的一个重要环节，为了保持社区的和谐稳定和居民的安居乐业，各级政府已经颁布了多条政策、法规来指导、监督和约束双方的行为，但由于缺乏联动机制、市场监管力度不够等原因，尚无法从根本上来解决“物业费收缴难”和“物业服务质量低劣”并存的问题，反而由于建筑物、管道、电梯等设施设备的老化而出现了更多问题。针对目前的情形，本研究小组在综合比较了各地区及国外的先进经验后提出建立一个第三方监管及运营平台的解决方案。具体来说就是借助互联网+，构建第三方平台来协调物业公司及业主的关系，使得双方的交易能顺畅进行，物业收费按照市场原则将更加符合实际，在服务过程中也可以互相监督和评价，减少双方的违约和方便政府部门进行监管。

第三方监管平台建设基本原则：一是中立原则。业委会作为业主的代表本应该为业主发言，并起到协调物业公司与业主矛盾的作用，但实务中很多业委会成员都从物业费用中提取一部分资金作为劳动报酬，经济利益的驱使作用很容易让其言论和行为具有倾向性，长此以往就失去了业主的信任，同时部分小区连选连任容易滋生腐败。而第三方平台是脱离了物业公司及业主独立存在的，不对双方之间的物业服务质量、业主信用等进行主观评价，评价结果主要来源于物业调查报告。在双方监督原则上小区物业管理制度应该由物业公司和业主方共同制定，在制度中应该明确双方的权利与责任，最后，交由第三方平台来监督执行。一方面，第三方平台有权力来审核物业公司的费用支出，并及时面向全体业主及时反映，另一方面也要及时对公众反馈物业费的交纳情况，从个人信用的评价角度来督促业主按时交纳物业费。在费用保管上，业主将物业费用交由第三方平台管理，第三方根据三分之二以上比例业主的综合反馈，通过物业调查评分来决定是否应该全部或部分地支付物业费用给物业公司。在保障公正上，第三方平台应该由政府来监督组建及委派，其主要收益不应该来源于物业费用，但可以收取一定比例的服务费用作为佣金。通过引入网络平台等现代技术手段和交易理念，利用平台实现业主和物业公司的便捷交易，将改变原有的由业委会代表全体业主与物管公司签订集体合同并上门催费、收费的传统方式，同时改变了业主只能通过拒交费来维权的落后处理方式，使得交易、付款和享有物业服务处于受控状态。

第三方平台的治理功能类似于现在的业主委员会，但为了避免业主委员会可能存在的人为寻租、收取不当利益等腐败现象，可以借助互联网+的运行模式。首先，从办公地点上脱离物业公司及业主，第三方平台作为中间服务平台，虽然起到业主和物业公司之间的桥梁作用，但不参与到物业公司的实质工作服务中，其工作地点没有必要设在小区内。其次，工作内容程序化，第三方平台的工作核心是信息的收集与处理，并不参与到管理工作中，计算机程序应该可以完成这些工作，不需要人为操作，使信息处理结果更客观。再者，第三平台有责任及时向双方公布网络调查的结果，有义务配合双方修改合同、调查问卷等。

第三方平台具有延伸作用，可以将物业管理与企业、个人的信用相关联。通过构建第三方平台有利于帮助建立物业公司及业主的信用。一方面，就物业公司服务质量评价结果而言，如果依据评价结果，第三方平台不能长期持续稳定支付或者只是部分支付物业费用，直接反映的是物业公司所提供的服务不能长期令人满意，间接反映的是物业公司工作能力的不足，主管部门对公司的评级就要做减法。这对公司以后再竞标参与小区物业管理肯定会有负面影响，同时政府管理机构也可以依据第三方的评价结果对此类物业公司下令要求整改。通过大数据历史回溯机制建立信誉积分制度，有利于通过市场和客户的反馈直接评级，直接反映物业管理质量的高低，真正做到利用市场和社会评价优胜劣汰。另一方面就业主而言，如果存在大部分业主都对物业公司服务表示满意的情况下，还有个别业主以服务不好而拒绝正常交纳物业费，第三方平台可以对其个人信用做出影响因子分析，并将结果提供给信用管理机构，这可以敦促业主客观真实评价物业服务，杜绝一些不道德行为的产生。第三方平台还有利于政府相关政策改进。物业管理工作是一项关系民生的重要工作，官方的政策、法规及制度是指导和监督其工作正常有序进行的必要条件，但从引入物业管理制度到真正全方位实施还存在有很多已知和未知的问题和矛盾。借助第三方网络信息平台评价的方式能够非常具体、全面地收集到第一手的资料，再借助于统计分析就可以针对共性问题，从年龄、收入、家庭人口、公共设施等要素进行全面综合分析，这些结论将非常有助于政府优化业主自治和物业管理政策，有的放矢地为群众解决物业矛盾。

上述部分政策建议，著者在参加湖北省法制办举行的《物业管理条例》立法听证会上，主动结合国际国内比较、理论分析和社区的实践探索进行了阐述，获得了法制办领导的高度肯定。①

(4)基层法治方面。

一是思想认识仍存在偏差。部分领导干部对法治建设认识不足，重视不够，对法治建设在维护社会稳定、营造良好的发展环境、促进社会和谐等方面的作用缺乏足够的认识，个别部门和乡镇仍然存在对依法治

① 新闻报道见《湖北日报》2015 年 10 月 21 日登载文章。记者陈会君等：《物业管理条例立法听证会：开发商卖车位可罚 10 万》，http：//www.hb.xinhuanet.com/2015-10/21/c_1116885923.htm。

理工作重视不够，没有把依法治理工作当作一项常规工作来抓，依法治理具体实施方案落实到部门单位，缺乏扎实有效的贯彻措施，上级也缺乏督促检查及严格考核机制，导致普法依法治理在具体的实施中只是发个文、开个会就了事，流于形式。另外，少数行政执法人员依法行政观念有待于进一步加强，行政执法人员素质参差不齐，执法水平不高，运用法律手段管理社会事务的水平和能力还有待于进一步提高。

二是公平执法环境的文化阻碍。中国是一个人情社会、熟人社会，社会各方面对执法司法活动的人情干预时有发生，有人相信“花钱买平安”。有的带有“大闹大解决、小闹小解决、不闹不解决”的思想，形成恶性循环，败坏社会风气。加之司法程序相对复杂，解决问题没有行政手段便捷。司法程序需要当事人付出一定的诉讼成本，但信访当事人不承担成本。

三是部分群众法治观念不强，法治环境有待改善。由于目前普法工作还不够深入，还没有进入常态化；以言代法、以权压法等现象挫伤了广大人民群众学法守法的积极性，导致有的人人身权益受到了侵害，不是先找法律，而是先找关系、开后门，或者就是上访，甚至缠访闹访；有的人犯罪了、违法了，不是从法律的角度认识到严重性，而是千方百计来找关系，甚至不惜动用财力寻求庇护，这种现象严重干扰了执法人员严格执法，损害了党和政府与人民群众的关系。

5.7.3　完善基层群众自治体系的对策建议

面对来源多样化和利益多元化的社会结构，总体上需要重构多元共治的基层社会治理体系。通过创新社会治理，建构起党委领导，政府主导，社会协同、公众参与、法治保障、活力有为的多元共享共治的新结构和新格局。尤其是进一步完善社区多元协商议事、联席议事、平等议事等社区微治理机制，深化"三方联动"乃至"多方联动"服务机制，拓展社区服务网络和服务能力，不断提升城乡社区的服务水平和社区工作人员的服务意识。

(1)村民自治。

①进一步完善立法，明确村民自治的地位。

根据宪法的规定，农村村民建立村民委员会，实行村民自治，理应制定一部完整的村民自治法，保障村民各种自治权利，同时也保障村民自治组织按照自治的原则进行运转，真正达到宪法的要求和目的。但是迄今为止我国还没有一部完备的村民自治法，村民委员会组织法集中解决了民主选举等问题，但对于村民如何进行民主决策、民主管理、民主监督只作了原则性的、一般性的规定，还没有全面、详细地展开规定，因而缺乏可操作性。所以在修订《村民委员会组织法》或制定新法时，应当注重明确村民自治的定位问题关键是要解决一些问题，包括：明确村委会在村级组织中独立的主体地位，它不附属于任何行政机构，它代表的是农村最大多数群众的利益；理清村委会与国家的关系。村委会是农村公民结成的基础性权力共同体。按照宪法，作为国家公民应当履行公民的义务。因此它要完成法律规定的各项国家任务，接受乡镇政府的合法性的行政指导；在对外关系方面，包括对乡镇政府的关系，村委会是独立的，自主进行民主选举、民主决策、民主管理和民主监督，不受其他组织的不当干涉；全面、详细地完善村民自治中民主决策、民主管理和民主监督的规定，使各个环节的工作都有法可依，真正做到"让群众明白，保干部清白"，促进村民自治的有效和健康发展。

②大力发展农村文化教育，提高农村群众的文化素质和政治水平。

首先，加强村民的思想文化教育，提高村民的文化素养。其次，大力发展农村社会生产力，壮大集体经济，对发展农村文化事业具有十分重要的意义。另外，课题组还需加强对村民政治素质和政治意识的培养，在村民自治中使村民实现政治社会化，增强村民的主体意识和参与意识，让村民认识到自己在村民自治中的地位和作用。只有这样，才能更好地表达自己的利益需求。增强农民的政治参与意识，是保证村民自治规范运作、健康发展的一个重要条件和必要的前提。

③加强农村的法制建设，为发展村民自治营造良好的法制环境。

民主必须匹配着法律化和制度化，村民自治作为一种基层民主发展的趋势，更应在良好的法制环境中健康成长。所以，实行村民自治，必须贯彻和执行依法治国方略。首先要加强农村法制建设的规划和指导，在推进省、市、县有步骤实现依法治国方略的进程中，应有推进农村法制建设的规划，对农村法制建设分阶段目标，制定明确的规划和年度计划，并稳步实施。对农村法制建设状况应有明确的评价指标，并进行经常性的检查督促。其次，要强化基层干部和广大农民的法律意识和法制观念，增强他们依法实行民主自治和民主管理的自觉性和主动性。要树立农村干部依法办事、恪守职责，接受监督的观念；要坚决查处一些农村干部压制和破坏民主、侵犯农民民主权利的行为，创造一个能够依法保护农民合法权利的公平公正的法制环境；要坚持依法治村，保障村民自治有序开展。

(2)居民自治。

①社区(居委会)组织的制度规范。

各地政府应根据当地自身情况，依照《宪法》和《组织法》的原则，进一步规范政府与居委会双方的关系，规定政府对居委会授权事务的范围、限度，居委会自身工作的主要方式、方法，政府对居委会人力、物力方面的支持力度等问题，将指导性的法律，变为实际的可操作性强的各种规定、条款。

②减轻社区(居委会)不合理工作负担。

居委会承担的下派任务过重是居委会的突出问题之一。逐渐理顺政府组织与居委会的关系，切实减轻居委会的不合理负担，是强化居委会为民服务功能的一项重要措施。各级政府组织要根据相关法律和政策规定，结合本地的实际情况，明确居委会的工作职能，让居委会有权拒绝不合理的摊派性任务。

③改善向社区(居委会)摊派任务的状况。

建议在政府权责清单的范围内，凡是政府职能部门需要居委会协助完成的工作，都应当经市、市辖区的人民政府或者街道办事处同意并统一安排，而不得直接给居委会布置任务。基层政府或街道办事处向居委会布置工作任务时，尽量要将交叉、重合的工作综合起来交由居委会协助完成。应按照中央“放管服”改革的要求优化工作流程，减少文山会海，为基层减负松绑，将主要资源集中在为社区居民服务上。

④改进居委会的工作方式。

改进工作方式最有效的途径就是推动居委会工作的志愿者化和公益化。一方面，大量招募社区居民作为居委会工作者，让居民真正成为社区的主人；另一方面，还应该改革居委会工作的报酬机制，除了少数专业性的全职人员可以拿工资外，其他居委会工作人员的报酬应该津贴化。

⑤充分发挥居委会“居民自治组织”的性质。

居委会的发展动力来自于居民，应充分调动居民的参与热情，发挥居民自身的潜力，并动员其他社会力量关注居委会的建设，调整自治与完成政府交办工作的关系，才能把居委会建设成名副其实的居民自治组织。例如，各级政府在出台一些便民利民政策时，建议采取社区听证会制度，充分听取社区居民代表的意见，确保政策能切合实际，操作性强，把好事办好。再如对社区的重大问题或公共事情，可在党委领导下，由居民自己决定解决方案，提出处理的方法意见。其中在城镇社区和一些农村社区内应尽快成立业主委员会，并推行基层党委、业主委员会、物业管理公司三方联动，交叉任职、齐抓共管，这是一项推进社会治理现代化的有益尝试，可有效解决大量“村改居”完成后基层自治组织的真空问题，有利于推进上级精神和政策的落实。

⑥全面推进政务公开。

对非涉密的政策理论，应坚持以公开为常态、不公开为例外原则，推进文件公开、执行公开、管理公开、服务公开、结果公开。各级政府及其工作部门依据权力清单，向社会全面公开政府职能、法律依据、实施主体、职责权限、管理流程、监督方式等事项。重点推进财政预算、公共资源配置、重大建设项目批准和实施、社会公益事业建设等领域的政府信息公开，全面推进行政权力依法规范公开运行。规范行政执法自由裁量权，坚决杜绝个别执法部门钻法律空当，以权谋私。健全法治工作机构，增强工作力量。乡镇部门应逐步建立法治科室，使依法治理工作有人抓、有人管。

5.7.4 充分发挥基层党组织和自治组织的积极作用

由于当前城市外来人口较多，在城乡交错带社区服务与原村务工作叠加交织，基层干部待遇和工作强度比较起来也相对偏低，主观上不少干部对推进各方面建设工作认识不清，不愿意接受新生事物，甚至不同程度上出现了“为官不为”的现象。对此现状，各级地方政府应该充分肯定并以实际行动支持基层组织，一方面为基层松绑减负疏导压力，一方面逐步加大或倾斜对廉洁勤政模范和基层优秀党员的奖励范围和力度。在组织上，积极发挥村民自治委员会和居民自治委员会在宣传和落实各项公共政策上的积极作用，引导群众真心拥护和认同各项政策理论，积极协调配合基层组织的工作部署。可结合传统节庆习俗和基层文化活动，开展多种形式的理论政策宣传宣讲活动，加强社区文化建设，激活民间文艺团体团队的日常演出，经常性地集中开展微型政策宣传普及活动，强化记忆，巩固成效，以趣味性、启发性、实用性、准确性提高居民的参与度，使得好政策真正深入人心，好举措真正得到理解拥护，对“两难”问题和历史遗留问题，善于搁置争议、各负其责乃至主动担责，以团结、和谐、发展为导向在矛盾中寻求最大共识和达成“最大公约数”，本着友善互助、互谅互帮的精神借助资源整合来化解难题危机，对政策实施过程中遇到的各种“疑难杂症”有渠道、有场所、有人员能及时反馈、及时处理、及时化解。

5.7.5 基层干部要充分发挥示范带头作用

当前街道、社区层面的基层干部面临的问题很多，但核心工作是坚定不移保稳定、持之以恒促发展、真心实意惠民生。如果将基层群众比作大地和庄稼，那么基层党组织和干部就是要充当保稳定的“守护神”、利健康的“甜水井”、促发展的“播种机”、促和谐的“贴心人”。要像中国画中的墨梅一样淡泊对待名利，“不要人夸颜色好，只留清气满乾坤”，像成熟的棉花一样清清白白做人，“香艳非我意，温暖百姓家”。以扎根基层、服务基层、奉献基层的实际行动激励群众热爱自己的家园。正如课题组在T市某街道办事处看到的宣传横幅所言，如果能“把信访工作当家业，把群众诉求当家事，把群众来信当家书，把来访群众当家人”，干部就与群众心连心了，干群关系就会比较融洽，一些人的仇官仇富的心态就会得到扭转，当代中国正在遭遇的“塔西佗陷阱”，即一定程度上存在的干群之间、警民之间、贫富之间、城乡之间的信任危机就会得到弥合。非如此，则政府号召的国家富强、民族振兴、人民幸福的政策倡导和精神导向就要大大削弱。毛泽东同志在战争年代就指出过：“只要我们党的作风完全正派了，全国人民就会跟我们学。党外有这种不良风气的人，只要他们是善良的，就会跟我们学，改正他们的错误，这样就会影响全民族”①。基层党员、干部是群众中的精英分子、先进分子，在教育、带领群众“撸起袖子加油干”上必须有责任、有担当，“如果把自己看作群众的主人，看作高踞于‘下等人’头上的贵族，那末，不管他们有多大的才能，也是群众所不需要的，他们的工作是没有前途的。”②因此，应引导基层干部将改善民生作为党的群众路线教育实践活动的延续和所有改革发展工作的工作基点，激励和倡导党员、干部以身作则、表里如一，争当为民务实的楷模、清正廉洁的榜样，时刻以共产党人的高尚品格和廉洁操守，以长征精神和“赶考”的精气神感召周围群众，引领社会风尚，弘扬社会正能量。在具体工作中，坚持以人为本，以群众为主体地位。“各级政府要以职能转变的‘靓丽转身’，换取人民群众的更大福利。”在行使政府职能时“要多带一点对老百姓的感情”③，社区干部可与居民协商对话，共同研究落实政策的相关细则。多征求居民的建议和意见，共同探讨落实政策和推进改革发展的最佳方式。多上门主动与居民沟通，了解居民真正需求，对症下药。通过落实群众路线，在自我升华的同时让好政策好制度深入人心，让百姓的心里话、心头事能更为充分地更为及时地得到倾听和妥善解决。同时加强和改善对居民的形势与政策教育宣传，提升群众认知认同水平，以家庭为重要基点，以用人单位为重要节点，树立良好的社会风气和舆论氛围，

---

① 毛泽东：《整顿党的作风》(1942年2月1日)，《毛泽东选集》第3卷，人民出版社1991年版，第812页。

② 毛泽东：《在延安文艺座谈会上的讲话》(1942年5月)，《毛泽东选集》第3卷，人民出版社1991年版，第864页。

③ 2016年11月21日，在上海召开了深化“放管服”改革座谈会。在会上，李克强总理通过两家小食店的故事“以小窥大”，点题下一阶段政府职能转变和深化“放管服”改革工作。总理所说的这两家小食店，分别是开在上海弄堂里的“梦花街19号馄饨店”和“阿大葱油饼店”。这两家被媒体和食客“点赞”的小食店，因为经营地点为居住房屋无法办理证照被先后关停，曾经引发舆论热议。

提升基层群众的法律意识和法治精神，不断改进干群鱼水关系和血肉联系，把国家、社会和公民个人三个层次的发展目标、倡导方向和现实需求统一起来，让群众认识到国家好、社会好、集体好，自身才会好。

当然，基层干部的权责和考评体系目前也面临一些新情况新问题。一是工作强度高。上面千条线，下面一根针，民生无小事，事事不松懈。“一人科室、一个部门应对上级多个部门、一个分管领导分管十多项工作的现象在基层还客观存在。”二是问责压力大，上级提出的“一案双查”“主体责任”“终身追责”“一票否决”等让有些干部怕出事、怕担当，产生了“为官难为”“为官不易”的心理反应，基层干部的精气神有待激励提升，部分地区出现公务人员的主动辞职或提前退休，造成人才流失。三是升迁通道窄。基层干部基数大，但领导职数少，成长空间受限，基层干部升迁的“天花板”现象较为明显，干事创业的荣誉感和积极性受挫。① 这些问题需要结合政府职能转变统筹考虑，进一步完善激励措施，坚持科学全面的绩效评价机制，建立合理的容错纠错机制，坚决维护选贤任能的用人导向，为基层干部全身心地投入工作创造良好的政治生态和外部环境。

5.8 生育政策篇

5.8.1 生育政策改革的主要内容

生育政策是一项基本国策，中华人民共和国成立60年来，从节制

① 来源：中共江汉区委政研室、江汉区人民政府研究室编：《2015年度江汉区领导干部调研论文集》，内部材料。

生育、控制人口到严格计划生育，再到目前十八届五中全会提出“全面二孩”政策，可以说历经了一个甲子之后，已逐步使生育政策更加完善，并全面纳入法治轨道。总结计划生育60年的经验与教训，必须清醒地认识到人口众多、自然资源严重超载是我国的国情，劳动力不足、提前进入老龄化社会，未富先老也是我国的国情，因此从依法严格控制人口数量过渡到优化人口结构、提高人口素质，全面建成小康社会，是当前乃至今后一个长时期人口工作的首要任务。

在计划生育工作初始阶段，计划生育统计主要围绕控制人口数量的相关指标展开，进入20世纪90年代，计划生育统计的内容发生了很大的变化，更加注重对计划生育工作质量和工作水平的分析。新时期在严格实施计划生育政策三十余年后，我国人口环境与以往相比迥然不同，生育水平长期走低、老龄化加速推进、未来劳动力短缺、出生性别比长期失衡，这一系列人口问题已经成为困扰我国未来社会经济发展的潜在制约因素，人口结构的变动、生活水平的提高及人民日益增长的物质文化需求，推动生育政策不断改革以适应社会的发展和人民的需求。

5.8.2 生育政策变动可能带来的影响

(1)生育政策的变动对人口老龄化的影响。

生育政策的变动可以直接影响人口老龄化指标的分母(总人口规模)。在全国范围内立即放开二胎生育政策，对我国人口总量的影响非常显著，明显增大了人口老龄化指标的分母值，延缓了老年人口比重的增长趋势。全面放开二孩政策，可以有效降低未来我国60岁及以上老年人口的比重，延缓人口老龄化的趋势。

(2)生育政策的变动对未来劳动力资源的影响。

我国未来劳动力资源的供给会受到生育政策调整的潜在影响，立即全面放开二孩政策，出生人口规模增加，相当于增加了劳动力资源的未来供给。当新出生的人口在未来进入劳动力市场后，可以明显缓解我国劳动力资源面临的短缺局面，不仅增加了劳动力的未来供给，而且改变了在维持政策不变下劳动年龄人口数量在未来不断走低的趋势。

(3)生育政策变动带来的社会压力。

全面放开二孩政策，不仅对我国未来人口总量及走势产生长久的影响，同时也会对人口的性别年龄结构产生明显的影响。由于目前我国妇女的二胎累积能量较大，有学者认为立即全面放开二孩，未来数年内年度出生人口规模将剧烈增加，导致这些出生队列的人口规模与相邻年龄组相比显著增大。意味着当这些批次的人口逐渐进入学校、就业市场、老龄期后，对我国教育、就业、医疗等将产生剧烈冲击。

5.8.3 群众对生育政策的了解和关注程度

从表5-13可以清晰地发现，处于适龄生育年龄段的25~35岁居民最为了解和关注生育政策，其次是处于子女教育期的36~55岁居民，老年人也相对关注但已经弱化。25岁以下受访者则比较注重个性自由，实际上并不太关注这类政策。

表5-13　　不同年龄层次对生育政策的认知程度分析表

受访者年龄	均值	N	标准差	中值
25岁以下	3.2292	301	0.95076	3.00
25~35岁	3.5477	241	0.95241	4.00
36~55岁	3.5407	270	1.00381	4.00
55岁以上	3.4038	52	0.97538	3.00
总　计	3.4259	864	0.97907	3.00

从表 5-14 可以发现一个有趣的现象，基层干部相对于普通群众对生育政策更加了解和关注(中位值)，这可能是因为基层干部的绩效考核长期以来都包含对计划生育政策的贯彻实施情况，对生育政策掌握得比较到位。与此相符的是体制内居民(均值为 3. 55)也高于体制外居民(均值为 3. 27)。

表 5-14　　基层干群对生育政策的认知程度分析表

受访者身份	均值	N	标准差	中值
基层干部	3. 7097	124	0. 96081	4. 00
群众	3. 3760	742	0. 97478	3. 00
总　计	3. 4238	866	0. 97925	3. 00

5. 8. 4　群众对生育政策变动的回应和需求

(1)受访地区的生育现状。

据受访的湖北 T 市计生委提供的统计材料，该市出生率为 11. 79‰(来自 2012 年 10 月 7 日全员人口数据库数据，下同)，符合政策生育率 90. 41%，同比上升 0. 1 个百分点。一孩出生 12258 人，一孩率 67. 46%，同比下降 1. 34 个百分点；二孩出生 5652 人，同比增加 419 人(其中政策内增加 320 人，政策外增加 99 人，女孩增加 261 人，男孩增加 158 人)，增幅为 7. 41%；二孩率 31. 11%，同比上升 1. 44 个百分点；多孩出生 260 人，同比下降 9 人，降幅为 3. 46%；多孩率 1. 43%，同比下降 0. 1 个百分点。其主要特点是：(1)一孩出生率稳中有降。原因是近 10 年虽然 20~24 岁平均单岁组育龄妇女人数呈持续高位运行态势，带动人数出生总数居高不下。但随着进入婚育期女性初婚人数逐年减少，新一轮人口出生高峰将在2015年前后结束，一孩出生将逐年回落。(2)二孩出生率呈逐年稳步上升趋势，多孩出生率保持平稳。符合政策生育二孩对象近几年呈攀升势头，全市2006年以来一孩出生率呈现逐年上升趋势，带动农村独女户人数增加。由于湖北省目前执行一孩半生育政策，符合政策生育二孩增多，必然会带来政策内二孩出生呈逐年增多之势。(3)政策外生育反弹趋势比较明显。由于人口计生工作手段弱化，人口流动增多，政策外生育出现反弹，部分地区呈蔓延之势(见表5-15)。

表5-15　**T市近6年政策外生育二孩人数**

年度	出生人数	与上年对比
2007	1133	+258
2008	1157	+24
2009	1207	+50
2010	1202	−5
2011	1528	+326
2012	1627	+99

资料来源：T市计生委。

生育政策的改革方向是逐渐放开二孩政策。制定“单独二孩”政策是我国进入21世纪以来生育政策的重大调整，也是国家人口发展的重要战略决策。从最开始的父母双方均为独生子女满足生二孩条件，放开到父母两人有一方为独生子女即满足二孩政策。2015年11月，十八届五中全会又提出全面实施一对夫妇可生育两个孩子的政策，有生育意愿并有能力抚养的家庭将或迎来第二个孩子。在本调查进行时，尚未召开五中全会，但关于全面放开二孩的政策何时推出已经是老百姓街谈巷议的热点话题，既有赞成者也存在质疑声，因此本调查以二孩政策为例，专门就群众对生育政策的需求情况进行了调查。

(2)稳定收入家庭积极响应二孩政策。

二孩政策逐渐放开后，满足二孩政策的人群中接近 6 成的被调查人员表示有生二胎的意愿，这类人大多收入稳定，家庭条件较好。通过走访座谈可了解到年轻夫妇在二孩政策方面很大程度上受到父母辈的影响甚至鼓励，祖父母辈老人更希望家中有二孩。中国自古以来就有“养儿防老”的说法，在我国广大农村地区，家中有 2 个及 2 个以上孩子的家庭较多，更有很多人为了生儿子而不停生孩子。在 T 市的走访中，家中已经有 2 个女儿的情况下，家中长辈仍然希望再生一个，最好是能生个儿子。尽管这种情况不仅仅违反当前计划生育的相关规定，还会造成男女性别比出现差异。这反映出放宽生育政策可能对中西部的农村人口结构造成新的冲击。

(3)大部分家庭谨慎对待二孩政策。

从访谈中课题组了解到，大部分家庭通常会根据自己的实际状况慎重考虑，而不会盲目去“赶潮流”。在二孩政策逐步放开的社会背景下，部分符合生育二胎的家庭面临生与不生的艰难选择。有的家庭想生二胎，但是受到经济条件、家庭负担、个人养老、子女抚养等问题的限制，不得不慎重考虑再生一个孩子后所面临的各类问题。有的家庭甚至需要考虑到家庭和睦的问题，课题组在 T 市的一个城乡结合部社区走访时遇到一位准妈妈，进行了以下的访谈：

问：家里人都很期待第二个孩子的到来吗？

答：家里人尤其是长辈都很期待，最让我担心的是我 5 岁的女儿对这个孩子的态度。

问：能具体说一下问题吗？

答：没怀孕之前我们问她想不想要弟弟妹妹，她当时就表现得有点抗拒，自从告诉她我有孩子以后，她就很不喜欢这个孩子，有时候就问我们可不以不要这个孩子，问我们有弟弟妹妹以后会不会不喜欢她，她变得比以前沉默，有时候又会为一点事情大闹。而且我现在很担心女儿的身心健康，也怕她以后和弟弟妹妹不合。

(4)对全面二孩政策表示质疑。

小部分人对生育政策的变化表示质疑，一种认为生育是人的本性，本不应该受到限制，计划生育只能作为一个过渡时期的控制人口的手段，希望国家全面放开生育政策(可多孩)。还有一种认为全面放开二孩会导致城市因人口短期报复性地增长而在教育、住房、交通、养老领域造成更大的压力。应该承认这些认识都有合理的成分，都从一个侧面反映了民众对生育政策调整可能导致的社会变化的担心，因此需要遵照人口出生、发展和迁徙的基本规律，运用科学手段进一步测算和评估现有人口政策，避免大起大伏，避免出现政策的“朝令夕改”和人口的“大跃进”，不要因为政策的“折腾”而导致代际不公平和城乡区域间的不平衡。

总体上来看，对放松生育管制实行“全面二孩”政策，绝大部分家庭还是欢迎的，毕竟自我选择的余地大一些。但是有关部门应及时应对未来新生儿、儿童、孕产妇和小学生必然增加的大趋势，除市场调节以外，在食品、住房、交通、教育、基本保障、就业等领域做好预案和衔接，在各相关政策间统筹兼顾、以人为本、互相呼应，以利于在生育政策大变动时期的社会能平稳顺利过渡。

第6章 研究总结与展望

当前我国正处于全面建成小康社会和全面深化改革的关键时期，本次调研通过社会调查了解基层群众对一些重点热点政策的认知认同，分析其关注点和需求变化趋势，总结其新特点和新动向，初步了解了当前政策理论下基层的实施效果，评估了群众政策理论获取状况，探索了群众对政策理论的需求方向及重点，为进一步做好大政方针的宣贯和落地工作提供了重要参考，也为在行政立法层面开展顶层设计，加强制度有效供给，有的放矢做好政策贯彻衔接和宣传工作提供了良好基础。

调查以湖北T市国家级工业园区所辖的社区基层干部和普通居民为主要调研对象和案例基础，综合运用问卷调研、实地察看、人员访谈、座谈会等多种调研方式进行了系统分析。调查表明：(1)目前湖北省在深入开展政策理论下基层活动和提高基层群众获取政策信息能力两个方面均有待提升。(2)在获取政策精神和信息能力方面，受访者为中共党员、基层干部的居民明显高于普通群众。体制内居民在获取政策文件方面优于体制外居民。综合可认为基层党员干部在宣贯政策理论上具有信息和知识优势，可以发挥更大作用。(3)政策面向基层群众传达不到位和政策响应不及时这两个因素成为了严重影响基层群众了解和领会各类政策理论的瓶颈，有关部门应眼睛向下，面向基层，从群众需要出发开展工作。(4)群众认知度最高的是生育政策，基本社会保障政策和教育政策，认知了解程度最低的是土地房产政策和基层政治类政策。土地政策、收入分配政策、就业政策在认知程度上具有较大差异。对基本社会保障政策、教育政策和基层政治体制的认知差异相对较小。(5)城镇居民对当地政府响应群众政策理论需求的评价明显高于农村居民，说明农村基层政权组织在了解农民政策需求、响应农民诉求方面还需进一步加强。(6)基层群众普遍认为政策理论学习或宣讲活动比预期偏少，与群众的实际需求有较大差距。(7)基层群众在遇到政策理论方面的疑问时，倾向于通过自己查阅或者咨询基层干部和工作人员来寻找答案。基层干部、党员、体制内居民更倾向于自己查阅政策文件。说明在新时期可充分利用各种媒体和工具来做好沟通互动。在解决政策理解上的困难时，官方的及时回应可较好地解决问题。(8)湖北省居民在表达政策需求的渠道方面基础较好，薄弱环节仍在农村，体制外居民和低收入者是有待得到进一步政策信息帮扶的群体。(9)群众对“政策理论下基层”活动的认同度较高，倾向于采用三种方式满足需求，一是希望政策精细化能充分考虑到各个阶层和群体的利益诉求；二是希望政策理论的说明和文风更加通俗易懂，在用词上有所“生活化”，方便理解和掌握。三是呼唤宣传方式和工具的创新。(10)群众普遍欢迎“广泛利用新闻媒体进行政策宣传”，有利于让政策理论广泛地被知晓和领会，进一步惠及于民。(11)湖北基层群众在政策理论需求上具有层次性，对经济发展以及社会保障两大政策最为关注，然后是和政治、文化、生态有关的政策。群众认为当前最需要改革的政策是收入分配政策、就业政策与基本社会保障政策。认为生育政策与土地住房类政策需要进行改革的相对较少。(12)基层群众对养老与医保两方面的政策具有较大的了解需求，相对较小的是户籍、土地政策与法律制度改革，说明这些政策比较稳定和透明，变动方向符合群众预期。

研究还基于基层群众的关注热点和核心诉求，分八个板块重点调查了土地政策、收入分配、精神文化、居民就业、基本保障(社保医保)、基础教育、基层治理、生育政策的实施现状和需求状况，并结合文献研究和跟踪调查，相应地就这八个政策板块提出了及时响应基层政策理论需求，改善制度有效供给、创新沟通互动渠道、推进基层群众政策认同的政策建议。

展望未来，尽管合理回应基层民众的政策理论需求，推进基层群众对政策理论的认知认同是一项长期复杂的系统工程，但在加强调查研究的基础上，不断深化行政立法体制改革，完善宣贯工作的方式方法，改善基层干部的工作作风和能力，不断提升基层治理体系的效率，在坚持正确方向的基础上因地制宜采取针对性的改进行动，全面深化公共政策的供给侧结构性改革，就一定能不断提升民众对政策理论的认知认同，获得广大群众的真心拥护和热烈响应，使“好政策”“好理论”在实践中变成群众真正交口称赞的“政策好”“理论好”。

参 考 文 献

[1]包永辉，陈先发．乱征地引发无地无业之忧［N］．瞭望新闻周刊，2003(23)：16-18.

[2]陈浩天．回应性治理：农户需求与国家政策整合的基层面向[J]．西北师大学报(社会科学版)，2014(06)：124-129.

[3]程名望，周向红，潘炬．计划生育家庭对优先优惠公共政策的需求分析——以上海 321 个样本为例［J］．人口与经济，2009(02)：29-32.

[4]邓大才．地方政府主动供给制度的动因分析[J]．宁夏大学学报(人文社会科学版)，2004(01)：88-92.

[5]邓大才．制度供给与地方政府“搭便车”[J]．财经问题研究，2004(08)：10-15.

[6]范丽娟．新时期完善我国社会养老服务政策的思路——基于五省市的调研［J］．合肥学院学报(社会科学版)，2010(6)：39-43.

[7]方菲，高兴．新型农村合作医疗制度中的制度供给与农民满意度分析——基于湖北省 Z 村和 X 村的调查[J]．华中农业大学学报(社会科学版)，2015(05)：89-96.

[8]房桂芝．构建农业信息服务供给与需求的新方式——基于山东部分地区的实证分析[J]．中国农学通报，2012(26)：291-297.

[9]封铁英，戴超．以需求为导向的新型农村养老保险参保意愿与模式选择研究［J］．人口与发展，2010(02)：23-30.

[10]樊继达．合理有序的收入分配格局需要三次分配政策协同[EB/OL]．http：//politics. people. com. cn/n/2013/1112/c1001-23519998. html，2013-11-12.

[11]高源，马静．“未来 10 年 10 大挑战”调查报告［J］．人民论坛，2009(24)：8.

[12]郭素玲．新型农村社区建设的政策需求分析——基于对河南 A 市新型城镇化的调查［J］．农业经济，2014(04)：78-79.

[13]郝金磊．农民养老模式选择意愿及其影响因素——基于甘肃 146 份问卷数据[J]．湖南农业大学学报(社会科学版)，2014，15(2)：36-40.

[14]赖茂生，张丽丽．政府信息公开制度研究初探：制度供求、制度变迁与制度创新[J]．情报理论与实践，2015(01)：30-34.

[15]金太军，姚虎．政府信息公开制度创新困境的内在机理探究——以新制度经济学为视角[J]．江汉论坛，2011(08)：65-69.

[16]李艳英．农村计生户对社会养老保险制度的需求研究——以湖北省钟祥市为例[D]．华中农业大学，2013.

[17]李文星，朱凤霞，何代忠．城乡统筹中失地青年农民培训及就业的困境及对策——对西部某大城市周边六个乡镇的实证研究[J]．生产力研究，2007(10)：48-49.

[18]李明，李慧中，苏晓馨．财政分权、制度供给与中国农村基层政治治理[J]．管理世界，2011(02)：49-60.

[19]李荣娟．协同视角下的区域公共治理：契机选择与政策供给[J]．中国行政管理，2011(06)：89-92.

[20]李想，汪雷．构建基层政府公共信息服务供给能力的评估指标体

系[J]. 情报理论与实践，2009(06)：51-54.

[21]李燕凌. 农村公共产品供给侧结构性改革：模式选择与绩效提升——基于5省93个样本村调查的实证分析[J]. 管理世界，2016(11)：81-95.

[22]刘祥琪，陈钊，赵阳. 程序公正先于货币补偿：农民征地满意度的决定[J]. 管理世界(月刊)，2012(2)：44-51.

[23]刘邦凡，詹国辉. 电子政务2.0在基层公共服务中的应用研究[J]. 北京航空航天大学学报(社会科学版)，2014(05)：8-13.

[24]刘丽伟. 完善政府在农业信息化建设中的主导行为研究[J]. 学术论坛，2007(12)：112-114.

[25]刘伟，蔡志洲. 经济增长新常态与供给侧结构性改革[J]. 求是学刊，2016(1)：56-65.

[26]罗亚萍，史文静，肖阳. 城市居民养老方式的变化趋势、存在问题及对策研究——基于对西安市居民养老方式的调查[J]. 西安交通大学学报(社会科学版)，2013(1)：78-84.

[27]马瑞，章辉，张森，徐志刚. 农村进城就业人员永久迁移留城意愿及社会保障需求——基于四省农村外出就业人口的实证分析[J]. 农业技术经济，2011(7)：55-65.

[28]马廷奇. 大学生就业保障制度建设与政策创新[J]. 高校教育管理. 2014(05)：111-116.

[29]孟大川，张为波. 农村基层民主政治的法制建设实证研究——以四川农村基层民主实践为例[J]. 西南民族大学学报(人文社会科学版)，2011(12)：116-121.

[30]牛红亮，刘静. 基于经济学视角的政府信息公开[J]. 情报理论与实践，2011(02)：9-12.

[31]彭曦. 湖南新生代农民工就业需求管窥——基于长沙60个样本的

深度访谈[J]. 农业经济，2012(05)：82-84.
[32]齐城. 中国特色现代农业发展的政策需求与供给研究[J]. 郑州大学学报(哲学社会科学版)，2009(04)：103-106.
[33]邱建军. 地方政府在农村信息化建设中的作用分析[J]. 中国信息界，2010(03)：39-41.
[34]任德新，楚永生. 论当代中国马克思主义大众化的动力[J]. 求实，2014(8)：4-8.
[35]闰彩琴. 中国农村社会养老保障制度的发展目标与政策需求分析[J]. 中国发展，2008(3)：19.
[36]孙德超，宋瑞鲁. 大学生就业新政问题研究述评 [J]. 经济纵横，2011(07)：117-120.
[37]孙宇. 政府信息公开、公共政策议程和参与型治理[J]. 中国行政管理，2009(02)：64-67.
[38]杨宜勇，邢伟. 公共服务体系的供给侧改革研究[J]. 人民论坛·学术前沿，2016(5)：70-83.
[39]汪立鑫，伍柏麟. 论社会经济制度演进的实现动力[J]. 复旦学报(社会科学版)，2015(03)：83-92.
[40]王欣，吴江. 公共就业服务的供需一致性研究——基于供求双方视角的分析[J]. 人口与经济，2013(02)：92-99.
[41]王俊华. 中国新型农村合作医疗制度供给与实践需求研究[J]. 中国软科学，2007(01)：10-14.
[42]王奋宇，何光喜，马缨等. 汶川地震灾区居民的生活状况与政策需求[EB/OL]. http：//www. china. com. cn/aboutchina/zhuanti/09zgshxs/content_17099440. htm，2009-01-13
[43]王相坤. 感悟习总书记“功成不必在我”[EB/OL]. http：//theory. people. com. cn/n/2013/1212/c40537-23821641. html，2013-12-12.

[44]魏毅，金高峰，黄少峰．中部地区农民工外出就业政策需求优先序——以江西建筑业 375 名农民工为例［J］．农业经济，2007(5)：5.

[45]吴红宇．农民工对政府政策的需求调查及政策建议［J］．改革与战略，2008(01)：70-72.

[46]肖唐镖，孔卫拿．中国农村民主治理状况的变迁及其影响因素——2002—2011 年全国村社抽样调查数据的实证分析[J]．经济社会体制比较，2013(1)：164-172.

[47]向玉琼．公共政策供给滞后的理论及原因探讨[J]．理论探讨，2007(05)：157-160.

[48]徐双敏，宋元武．当前农村公共文化服务供需契合状况实证研究［J］．学习与实践，2015(05)：67-75.

[49]杨浩鹏，寇云，金潮．淮安市农村土地流转影响因素研究——基于淮安农村 428 份调研问卷的分析［J］．安徽农业科学，2015，43(22)：273-276.

[50]杨颖秀．新生代进城务工农民子女的教育政策需求及政策制定方式的转变［J］．教育研究，2013(01)：53-57.

[51]杨立华，申鹏云．制度变迁的回退效应和防退机制：一个环境领域的跨案例分析[J]．公共行政评论，2015(01)：53-80.

[52]叶元龄，赖茂生．农村居民信息需求对农村信息化政策的启示——基于广东的分析[J]．科技管理研究，2008(11)：239-244.

[53]叶剑平，田晨光．中国农村土地权利状况：合约结构，制度变迁与政策优化——基于中国 17 省 1956 位农民的调查数据分析[J]．华中师范大学学报：人文社会科学版，2013(1)：38-46.

[54]姚作为，王国庆．制度供给理论述评——经典理论演变与国内研究进展[J]．财经理论与实践，2005(01)：3-8.

[55]袁媛．我国农村基本公共服务供给制度变迁中的政府行为研究[J]．农业经济问题，2014(11)：51-57.

[56]张欣瑜．农业部曾衍德：第二次全国土地调查数据变化不等于耕地变化[EB/OL]．http：//finance. china. com. cn/roll/20140124/2150130. shtml，2014-01-24.

[57]张欣．校车立法之探究——从制度供给和需求的视角[J]．兰州学刊，2012(01)：184-190.

[58]赵晓峰．后税费时代的村级民主自治机制创新研究——对河南省邓州市"四议两公开"工作法的实证分析[J]．学习论坛，2011(6)：67-70.

[59]赵锦辉．慎提"第三次分配"[N]．学习时报，2009-11-15(3).

[60]赵微．基于制度构成理论的农地整理建后管护的农民愿意研究[J]．中国土地科学，2015(09)：89-96.

[61]赵春雷．论公共决策者的政策选择空间：构成、功能及表现[J]．华中科技大学学报(社会科学版)，2015(03)：14-22.

[62]周毅．论政府信息能力及其提升[J]．情报理论与实践，2014(10)：20-24.

[63]钟顺虎．找准思想共同点利益交汇点化解矛盾切入点——陕西省推进党的创新理论大众化的调研报告[N]．光明日报，2016-04-20(10).

[64]朱红根，彭安明，康兰媛．农民工择业政策需求优先序及其影响因素分析[J]．农业经济与管理，2014(02)：80-88.

[65]1997—2010年全国土地利用总体规划纲要[EB/OL]．http：//www. xxblr. gov. cn/old/E_ReadNews. asp?NewsID=2046，2011-12-08.

附件1　关于基层群众政策供给与需求状况的调查问卷

尊敬的受访者：您好！我们是×××课题组。本调研旨在了解当前基层群众政策理论需求与供给侧响应的实际状况，统计结果仅用于学术研究，不会对您产生任何不便。您的如实填写将有助于我们工作的顺利开展，衷心感谢您的合作和参与！

1. 您能获取到应予公开的各类政策文件的详细内容吗？（单选）（　　）

   A. 完全能获取

   B. 绝大部分能获取

   C. 大部分能获取

   D. 只能获取小部分

   E. 完全不能获取

2. 您觉得哪些因素影响您对政策理论的理解？（单选）（　　）

   A. 政策理论本身复杂不好懂

   B. 政策传达不到位

   C. 政策解释不到位

   D. 政策响应民众需求不及时

   E. 基层干部言行不一致

3. 对以下各种政策的内容，请您就认知程度在相应方框内打"✓"

政 策 类 型	很了解	比较了解	一般了解	不太了解	完全不了解
生育政策（如二孩政策）					
土地房产政策（如征地补偿、宅基地流转、自建住房、基本住房保障等）					
收入分配（如个人税收、工资协商、集体收益分配等）					
就业政策（如就业培训、失业保险、劳动用工、鼓励创新创业等）					
基本社会保障（如养老、医疗、社会救助）					
教育（如子女入学、学校收费制度、高考改革等）					
基层政治治理（基层民主、基层治理、村民自治、居民自治、职代会等）					

4. 您觉得当地政府在“问政于民、问需于民、问计于民”这三方面做得怎么样？（单选）（　　）

A. 非常好　　B. 比较好

C. 一般　　D. 不太好

E. 完全不合格

5. 您所在社区或街道是否组织过关于政策理论的学习或宣讲活动？(单选)(　　)

A. 经常举办　　B. 有时举办

C. 极少举办　　D. 从不举办

6. 当您对有关政策有疑问时，您最倾向于以下哪种做法？(单选)(　　)

A. 自己查阅相关政策文件　　B. 咨询基层干部或工作人员

C. 询问亲朋好友　　D. 无能为力、暂时搁置

E. 其他

7. 您觉得居民表达政策需求的渠道是否畅通？(单选)(　　)

A. 非常畅通　　B. 比较畅通

C. 一般畅通　　D. 不太畅通

E. 完全不畅通

8. 您如何认识“政策理论下基层”这一活动？　(单选)(　　)

A. 非常赞同　　B. 比较赞同

C. 说不清　　D. 不太赞同

E. 完全不赞同

9. 您是否赞同电子政务(或政务上网)有助于满足居民的政策理论需要？(单选)(　　)

A. 非常赞同　　B. 比较赞同

C. 说不清　　D. 不太赞同

E. 完全不赞同

10. 您最倾向于哪种政策理论学习方式？(单选)(　　)

A. 专题报告会　　B. 组织宣传会议并自由讨论

C. 集体观看政策宣传片　　D. 宣传干事详细讲解

E. 网络查询　　F. 其他

11. 您觉得应采取什么方法来进一步满足基层群众的政策理论需求？

(多选限 3 项)(　　)

A. 深入了解基层群众最迫切的政策理论需求，以对症下药

B. 用通俗易懂的话语或材料来解释相关政策

C. 采取多种宣传方式和工具

D. 第一时间向基层群众传达、宣讲国家出台的各种政策理论

E. 发挥基层组织作用，因地制宜地宣传贯彻执行相关政策

F. 提高立法效率和政策供给速度，尽快出台政策解决基层矛盾

12. 您一般是通过哪种渠道来了解国家出台的相关政策理论？(多选限 3 项)(　　)

A. 书籍、报刊等纸质材料　　B. 广播、电视

C. 微信、微博等网络新媒体　　D. 听身边人的讲述

E. 村委会主办的政策宣讲活动(包括公告栏、座谈会)

F. 其他

13. 您认为可通过以下哪些方式来让政策理论进一步惠及于民？(多选限 3 项)(　　)

A. 基层组织定期召开座谈会，参与人员可自由讨论

B. 派出宣讲团进村入户宣讲政策

C. 广泛利用新闻媒体进行宣传

D. 通过印发宣传册、张贴宣传海报加强理论学习

E. 召开政策理论专题报告，集中进行解疑答惑

F. 其他

14. 在政策理论学习过程中，您对哪方面政策比较关注？(多选限 3 项)(　　)

A. 经济发展方面(如就业和收入问题)

B. 基层政治方面(如法治建设、基层民主、居民自治)

C. 社会保障方面(如养老、医疗、救助、法律保护)

D. 文化发展方面(如道德培育、青少年教育、科技发展、社会主义核心价值观)

E. 生态保护方面(如环境保护、雾霾防治、水资源利用)

F. 其他

15. 就政策类型而言，您觉得目前在哪方面最需要改革？（多选限 3 项）(　　)

A. 生育政策(如二孩政策)

B. “收入”类政策(如增加收入、最低工资制度、保护劳动者权益)

C. “土地”类政策(如征地补偿、宅基地流转、自建住房)

D. “就业”类政策(如促进就业、创业和维护就业公平)

E. “基本社会保障”类政策(如养老、医疗、救助)

F. 其他

16. 您当前最想了解关于哪方面的政策理论？（多选限 3 项）(　　)

A. 子女问题(如生育政策、教育公平和考试改革)

B. 户籍制度改革(如村改居、城市入户政策)

C. 国家财政补贴政策(如住房补贴、粮食补贴政策)

D. 养老制度(如养老保险、退休待遇、高龄补贴、养老设施)

E. 医疗保险(如大病保险、城乡统筹医疗、医保异地支付)

F. 就业政策(如扩大就业、就业培训、改革失业保险政策)

G. 土地政策(如征地补偿、宅基地流转、保障性住房政策)

H. 法律制度改革(如司法制度改革、农村集体土地确权政策)

再次感谢您的参与！对于当前政策理论的内容、宣传和贯彻实施情况，您最想说的是什么：____

____

请填写受访者情况(不记名，仅供科研用，请放心填写[打钩])

1. 您的性别及年龄：

男：□25 岁以下　□25—35 岁　□36—55 岁　□55 岁以上

女：□25 岁以下　□25—35 岁　□36—55 岁　□55 岁以上

2. 您的身份

A. 基层干部　B. 群众

3. 婚姻状况

A. 有配偶　B. 无配偶

4. 政治面貌

A. 党员　B. 非党员

5. 家庭户口性质

A. 农村　B. 城镇

6. 您身份是否属于“村改居”类型(由农村居民转为城市居民)

A. 是　B. 否

7. 家庭有无大学生(含大专、职业院校)

A. 有　B. 无

8. 家庭有无中小学生

A. 有　B. 无

9. 与左右邻居和亲戚朋友相比，您认为自己的家庭收入(或家庭环境)

A. 较好　B. 差不多　C. 偏低

10. 户主工作性质(如已退休，指退休时所在单位；如是学生，指赡养人的工作性质)

A. 体制内(政府机关、事业单位、国有企业)

B. 体制外(务农、民营企业、个体经商、自由职业、无业)

受访者所在：　省　市　县(区)　街道　村(小区)

受访日期：　年　月　日　问卷编号：

附件2　调查基层群众政策需求响应状况的访谈大纲

一、针对基层干部的访谈问题：

1. 近年来您所在社区政策理论宣讲成效如何？能否选取群众对某一典型政策的认识过程来具体说明？

2. 政策理论宣传效果是否与您的工作绩效相挂钩？如果相挂钩，是否对您的具体工作产生困扰？

3. 您所在社区对基层宣传干事开展活动有没有给予相应保障？如果有，可否详细列举？

4. 基层主要矛盾是否和群众对政策理解出现偏差有关？

5. 基层干部在解读和阐释中央政策方面面临哪些困难？目前是如何克服的？需要得到哪方面的帮助和支持？

6. 您对优化公共政策的有效供给还有哪些补充？

二、针对专职宣传干事的访谈问题：

1. 请问您所在岗位的主要工作内容是什么？

2. 您的工作环境有什么特殊性？您的日常工作需要哪些人的配合与协作？

3. 请您详细地描述一下您工作岗位的基本职责？在政策理论宣讲

方面，具体的考核比重是怎样的？

4. 您觉得胜任好此工作岗位需具备哪些方面的专业知识和基础知识？

5. 您在完成上述工作职责的过程中，有没有遇到什么突发状况？您觉得完成此项工作还存在什么主要问题和困难？

6. 在实际工作中，您有没有创新性地形成一套行之有效的工作流程和工作办法？有什么实际经验可以给我们详细讲讲吗？

7. 您是怎么看待现代媒体在政策理论宣传中所扮演的角色？在实际工作中，您又是怎么利用网聊或微信、短信等新媒体来进行政策理论宣传？

8. 您觉得当前基层群众的政策需求主要体现在哪些方面和层次？

谢谢您接受我们的访问！